Erläuterungen und Dokumente

Robert Musil
Die Verwirrungen des Zöglings Törleß

Von
Renate Schröder-Werle

Philipp Reclam jun. Stuttgart

Robert Musils Roman *Die Verwirrungen des Zöglings Törleß* liegt als Band 10300 im Rowohlt Taschenbuch Verlag vor. Die Seiten- und Zeilenangaben dieser Ausgabe werden in den Wort- und Sacherklärungen (Kapitel I) an erster Stelle aufgeführt, nach dem Schrägstrich folgen die Angaben aus Band 2 der *Gesammelten Werke* (Reinbek bei Hamburg: Rowohlt, 1978). Auch die Seitenverweise in den in Kapitel III bis VI zitierten wissenschaftlichen Aufsätzen und Rezensionen wurden auf diese beiden Ausgaben umgestellt.

Universal-Bibliothek Nr. 16019
Alle Rechte vorbehalten
© 2001 Philipp Reclam jun. GmbH & Co., Stuttgart
Gesamtherstellung: Reclam, Ditzingen. Printed in Germany 2001
RECLAM und UNIVERSAL-BIBLIOTHEK sind eingetragene Marken
der Philipp Reclam jun. GmbH & Co., Stuttgart
ISBN 3-15-016019-7

www.reclam.de

Inhalt

I. Wort- und Sacherklärungen 5

II. Zur Überlieferung und Druckgeschichte 22
   1. Das Manuskript 22
   2. Die Druckgeschichte zu Lebzeiten Musils 24
   3. Die Druckgeschichte nach Musils Tod . . . 26

III. Zur Entstehungsgeschichte 31
   1. Produktionsprozess: Ideen, Stoff,
      historische Vorbilder 31
   2. Die Korrektur 54

IV. Selbstzeugnisse: Robert Musil als Autor und
   Leser 60
   1. Zur Erzähltechnik 60
   2. Zu Verständnissen und Missverständnissen 67

V. Dokumente zur Wirkungsgeschichte 79
   1. Die Wirkung zu Lebzeiten Musils 79
   2. Die Verfilmung 107
   3. Die Aktualität 127

VI. Texte zur Diskussion 142
   1. Jugend und Krise – Krise des Denkens . . . 142
   2. Das Bild des Jugendlichen in der Literatur
      um 1900 146
   3. Der Mensch als Ding, als Sache 154
      a) Die Voraussetzung: Erziehung zur
         Grausamkeit 154
      b) Die Folgen: der »Grausamkeitsarbeiter«
         in den Bürokratien totalitärer Systeme 160
   4. Das Erkenntnisproblem und sein Ausdruck 166
      a) Versagen oder Zauber der Worte 166
      b) Denken und Dichten 171

     5. Aspekte der literaturwissenschaftlichen
        Diskussion 174
 VII. Literaturhinweise 194
VIII. Abbildungsnachweis 204

I. Wort- und Sacherklärungen

[Titel] / 7,1 f. *Die Verwirrungen des Zöglings Törleß:* Erst nach der Niederschrift und offensichtlich unter dem Eindruck der existentiellen Bedeutung des dargestellten Bewusstwerdungsvorgangs und seiner Ausdrucksproblematik gab Musil dem Roman diesen Titel. Gerd Müller (S. 22) vermutet bewusste Ähnlichkeit des Titels mit Goethes *Die Leiden des jungen Werthers*. Schon Hermann Broch bezeichnete in seinem Nachruf auf Musil dessen Jugendroman als den *Werther* von Musil.

Die Themenvielfalt des Romans hat unterschiedliche Interpretationen des Titels zur Folge; je nach Betonung des perspektivischen Strukturprinzips des Romans oder eines bestimmten Problemzusammenhanges stellt sich die Gedankenhandlung als die Verwirrungen (Musil im Entwurf eines Briefes an Stefanie Tyrka: »Reine Kombinatorik, sich verwirren durch unwirkliche Gestalten, deren innerer Konsequenz man sich aber doch nicht entziehen kann«, vgl. Kap. IV, S. 72) oder als die »Klärungen« (Trommler, S. 72) des Zöglings Törleß dar. Die Verfilmung des Romans von Volker Schlöndorff, die weniger die Gedankenhandlung als vielmehr den gesellschaftskritischen Aspekt akzentuiert, heißt konsequenterweise *Der junge Törleß* (vgl. Kap. V). Einige Übersetzungen erscheinen ebenfalls unter dem verkürzten Titel.

Zögling: (veralt.) Schüler, Oberschüler, Gymnasiast; Gegensatz zu Lehrling.

Törleß: Im Gegensatz zu den Namen der anderen Romanfiguren ist der Name Törleß frei erfunden und von symbolischer Bedeutung. Die in der Forschungsliteratur diskutierte Deutung als deutsch-englisches Mischwort (*less* ›ohne‹) in der Bedeutung ›ohne Tür, torlos‹ entspricht dem Zusammenhang der Tür/Tor-Symbolik des Romans (Dänzer, S. 184; Freij, S. 1, 162; Reniers-

Servranckx, Robert Musil, S. 275: »Gleich nach dem Schlüsselwort ›Tor‹ ist zum ersten Mal die Rede vom ›kleinen Törless‹«). Vgl. 9,12–14 / 8,30f.; 9,34–10,2 / 9,6f.; 33,3–6 / 24,41–25,1; 47,11f. / 34,33; 48,33 / 35,39; 64,32 / 46,37; 108,22 / 77,7; 123,29 / 87,26; 131,18f. / 92,38; 151,11 / 106,28; 165,6f. / 116,10f. »Interessant ist in diesem Zusammenhang auch ein loses Blatt, das dem frühen Tagebuch-Heft 4 beiliegt. Musil entwarf darauf ein Signet seines Nachnamens. Die Initiale M fungiert dabei als Torbogen, und die übrigen Buchstaben bilden ein schmiedeeisernes Gitter, das den Zugang versperrt.« (Corino, Törleß ignotus, S. 71.)
Zur Schreibweise: nach der Erstausgabe von 1906 Törleß, Musil selbst schrieb wiederholt in den frühen Briefen und Tagebüchern Törless.

7,11 / 7,13 *Maeterlinck:* Maurice M. (1862–1949, 1911 Nobelpreis), französisch-belgischer Schriftsteller, der um die Jahrhundertwende großen Einfluss in Deutschland und Österreich ausübte; seine Dramen *Monna Vanna* und *Pelléas und Mélisande*, aufgeführt 1902/03, waren große Theatererfolge in Berlin und Wien. Wie Musil seine Werke kennen lernte, ist nicht bekannt. Der Maeterlinck-Text, den er seinem Roman vorangestellt hat, um Missverständnisse zu vermeiden bzw. das Verständnis zu erleichtern (vgl. Kap. II, S. 22f. und Kap. IV, S. 75), entstammt dem Essay »Die Moral des Mystikers« aus dem Buch *Der Schatz der Armen*, 2., verb. Aufl., 1902.

7,17 / 7,17 *Abdampfe:* aus dem Dampfzylinder der Lokomotive ausströmender Dampf. Der häufige Gebrauch des Dativ-e, auch da, wo die Anwendung grammatikalisch nicht bindend vorgeschrieben ist, kennzeichnet den Stil des *Törleß*-Romans.

8,18 / 8,5 *Frau Hofrat:* auf die Frau übertragener Titel ihres Mannes; »Hofrat« bezeichnete im kaiserlich-königlichen österreichischen zivilen Staatsbeamtentum einen hohen

I. Wort- und Sacherklärungen

Staatsbeamten, vergleichbar etwa dem heutigen Ministerialrat.
8,30f. / 8,15 *Konvikt:* Heim, Stift, geistliche Bildungsanstalt.
9,6 / 8,24 *W.:* Weißkirchen (Mährisch-W., Hranice), heute im Staatsgebiet von Tschechien gelegener Ort, dessen Militär-Oberrealschule Musil von Sommer 1894 bis Sommer 1897 besuchte, nachdem er die Militär-Unterrealschule von Eisenstadt (Burgenland, Österreich) absolviert hatte. »Die Internate lagen in der tiefsten Provinz, Eisenstadt hatte um 1890 knapp 3000 Einwohner, Weißkirchen knapp 7500. Die Oberrealschule Weißkirchen lag zudem außerhalb der Stadt« (Mulot, Der junge Musil, S. 35). Im Roman sind die Erinnerungen an die Institute sowie äußerliche Details verändert und stilisiert (vgl. Brief Musils an Paul Wiegler vom 21. Dezember 1906, Kap. IV, S. 76f. und Musils Tagebucheintragung zur »wahren« Geschichte des Törleß, Kap. III, S. 52–54). Auch Rainer Maria Rilke war für kurze Zeit Zögling des Militärinternats von Weißkirchen, in dem tatsächlich der Hochadel Österreich-Ungarns seine Söhne erziehen ließ.
10,14f./24/11,3 / 9,18/26/37 Die Anführungszeichen dienen hier der Hervorhebung durch den Erzähler, der in die Rolle eines Psychologen schlüpft und Törleß' Vergangenheit wie einen Fall kommentiert.
10,30 / 9,31 *hiebei:* (veralt.) hierbei; in Süddeutschland und Österreich noch in Gebrauch. Dasselbe gilt für *hie* (16,25 / 13,29) und *hiezu* (22,7 / 17,19).
11,1 / 9,35 *Weihrauch:* für rituelle Zwecke in der katholischen Kirche benutzte Mischung aus eingetrockneten Harzkörnchen bestimmter Baumsorten, die beim Verbrennen einen starken Duft entwickelt.
11,1f. / 9,36 *der sich selbst Geißelnden:* in der katholischen Kirche als Kirchenstrafe und Bußübung im Mittelalter bekanntes eigenhändiges Schlagen auf den Rücken mit einem besonderen peitschenähnlichen Züchtigungsmittel.

11,2 / 9,36 [Gedankenstriche] Die Setzung von drei (oder mehr, vgl. S. 131 / 92, 133 / 94, 150f. / 105f.) Gedankenstrichen gehört ebenso wie die in verschiedenen Funktionen benutzten Auslassungspunkte und die eigenwillige Setzung von Ausrufe- und Fragezeichen zu den wesentlichen Stilmitteln des Romans. Freij (S. 53) zählt 281 solcher Sinneinheiten. Deren Bedeutung ist unterschiedlich und reicht von der Hervorhebung des Unausgesprochenen (Karthaus, Der andere Zustand, S. 80: »die Aussage wiederholt sich in der unhörbaren Sprache«) bis zur Andeutung als bewusster Umgehung von eindeutigen Formulierungen, um den Phantasien der Romanfiguren sowie den Vorstellungen der Leser Raum zu gewähren.

nach 12,13/16 / nach 10,31/34 [Leerzeilen] in der Erstausgabe von 1906 größere Absätze.

12,20 / 10,37 *Fürst H.:* Romanfigur in Anlehnung an den Toskana-Prinzen Erzherzog Heinrich, der ebenso wie seine Brüder im Internat der Militär-Oberrealschule in Weißkirchen erzogen wurde. »Festzuhalten ist, daß sich Erzherzog Heinrich und Musil in Weißkirchen vermutlich nie zu Gesicht bekommen haben, denn der eine verließ die Schule einige Monate, bevor der andere kam« (Corino, Törleß ignotus, S. 65); zum autobiographischen Hintergrund des Romans vgl. Kap. III.

12,24 / 10,40 *fad:* urspr. für Speisen verwendetes frz. Adjektiv (*fade*) in der Bedeutung von ›unschmackhaft, ungesalzen, ungewürzt‹; im Österreichischen auch auf den Menschen angewendet.

12,24f. / 10,40 *affektiert:* geziert, gekünstelt.

12,30 / 11,4 *doctor theologiae:* (lat.) Doktor der Theologie; promovierter Vertreter der Wissenschaft von Gott, Glaubenslehre, Kirche.

13,2 / 11,8 *hoffähiger Prinz:* bei Hofe verkehrender, zur engeren Umgebung des Herrscherhauses gehörender Prinz.

13,16 / 11,21 *Timbre:* Klangfarbe der Stimme; hier mit

I. Wort- und Sacherklärungen

der wörtlich genommenen widersprüchlichen Aussage (»Timbre seines Schweigens«) als ›kühne Metapher‹.

13,27 / 11,28 *Idylle:* urspr. ›Bildchen‹; literarische Beschreibung eines friedlichen, einfachen, natürlichen Lebens.

13,28 f. / 11,30 *bürgerlich-freidenkenden:* frei von religiösen und kirchlichen Dogmen denkenden.

14,11 / 11,43 *Arabeske:* in komplizierten Verschlingungen stilisiertes Pflanzenornament in der islamischen Kunst, das sich aus dem hellenistisch-römischen Rankenornament entwickelt hat.

14,23 / 12,9 *filigrane:* Ableitung vom Substantiv »Filigran« (netzartig durchbrochenes Zierwerk).

14,28 f. / 12,14 *Zollstab:* Zoll: altes deutsches Längenmaß.

15,7 f. / 12,27 *Beineberg / Reiting / Moté / Hofmeier:* Die beiden ersteren sind mit Törleß und Basini zusammen die Träger der Romanhandlung, die beiden letzteren Randfiguren. Die Namen der Romanfiguren sind gegenüber denen ihrer realen Vorbilder nur geringfügig verändert, was seit dem Erscheinen des Romans Anlass zur Diskussion des beabsichtigten oder unbewussten Realitätsbezugs der Handlung gab. Vgl. dazu auch Anm. zu 9,6 / 8,24 sowie zu den Vorbildern der Romanfiguren Beineberg (Richard Freiherr von Boineburg-Lengsfeld) und Reiting (Jarto Reising von Reisinger) Kap. III, S. 46 f. und 51 f.

15,18 / 12,37 *subtilen:* sorgsamen, schwierigen; zarten.

15,24 / 13,1 *die Modernen:* vgl. Kap. III, S. 38: »Die ›Moderne‹ kam.« Von dem Schriftsteller und Kritiker Hermann Bahr (1863–1934) geprägter Begriff (als Gegensatz zu Antike) für die Literatur und Kunst am Ende des 19. Jh.s. Musils Eindruck von den »Modernen« ist geprägt vom regen literarischen Leben im Brünn (Elternhaus, Jugendfreunde) der Jahrhundertwende.

15,26 / 13,2 *Römertragödien:* zur Zeit Musils bei Gymnasiasten beliebte Form, die eigenen Probleme im Gewand der klassischen Bildung zu bewältigen.

15,27 / 13,2 f. *sensitivste Lyrik ... seitenlanger Interpunktio-

nen: feinnervige, überempfindliche Lyrik, die versucht, den einmaligen, unverwechselbaren Augenblick mit größter Genauigkeit wiederzugeben und dazu ausgiebigen Gebrauch von den Möglichkeiten der Zeichensetzung macht; im literarischen Impressionismus der Jahrhundertwende übliches Stilmittel, das Musil selbst im *Törleß*-Roman verwendet (vgl. die Auslassungspunkte und Gedankenstriche).

16,12–15 / 13,19–21 *Büchersammlung ... Militärhumoresken:* Der hier dem berühmten zivilen Konvikt »auf dem Boden einer frommen Stiftung« (8,32 / 8,16f.) zugeschriebene Buchbestand weist eher auf die öden Lese- und Bildungsmöglichkeiten der Militär-Oberrealschule hin, deren Internat der junge Musil im gleichen Alter wie seine Romanfigur Törleß besuchte. Die »Klassenbibliothek« der Militärzöglinge setzte sich hauptsächlich aus abgegebenen Beständen aus den älteren Kadetteninstituten sowie Werken aus der Offiziersbibliothek zusammen.

16,25 / 13,29 *hie:* Vgl. Anm. zu 10,30 / 9,31.

16,30 / 13,33 *Wie er aber:* veralt. temporale Konjunktion; heute: als, sobald.

17,22 / 14,13 *erborgter Sentiments:* geliehener Empfindungen, Gefühle.

19,16 / 15,22 *Degen:* zur Ausgehuniform der Militärschüler gehörende, eher symbolische Waffe; auch dieses Detail, das nicht zum zivilen Konvikt passt, verweist auf die reale Vorlage, die Militär-Oberrealschule von Mährisch-Weißkirchen. Vgl. auch Anm. zu 9,6 / 8,24.

20,15 / 16,8 *Sturzäckern:* unmittelbar nach der Ernte flach umgepflügte Getreideäcker.

21,2 / 16,25 *galantes Abenteuer:* hier im Sinne von ›Flirt‹; *galant:* von ausgesucht höflichem und vornehmem Benehmen gegenüber dem weiblichen Geschlecht.

21,4 / 16,27 [Auslassungspunkte] Die Setzung von drei oder mehr Auslassungspunkten ist ein wesentliches Stilmittel des *Törleß*-Romans (vgl. Anm. zu 11,2 / 9,36).

I. Wort- und Sacherklärungen

nach 21,19 / nach 16,41 [Leerzeilen] Die beiden Leerzeilen in GW markieren an dieser Stelle nicht wie sonst (vgl. Anm. zu 23,29 / 18,26) den Übergang zu einem neuen Kapitel, sondern erfolgen aus Umbruchsgründen. Die Taschenbuchausg. hat nur eine Leerzeile.

21,30 / 17,9 *slawische:* Um 1900 war das zur österreichisch-ungarischen Doppelmonarchie gehörende Mähren (historische Landschaft des *Törleß*-Romans) bis auf wenige deutsche Sprachinseln hauptsächlich von Tschechen besiedelt; das Tschechische gehört mit dem Slowakischen und einigen anderen Sprachen zu den westslawischen Sprachen.

22,13 / 17,25 *schamlos – taten:* so taten, als ob; im Umgang mit den Frauen Schamlosigkeit vorspielten. In der Taschenbuchausg. fehlt der Gedankenstrich.

22,14 / 17,26 *fesch:* »Adj. in Wiener Umgangssprache gekürzt aus engl. *fashionable*, das seit [...] 1809 [...] belegt ist und durch Fürst Pückler Mode wird« (Friedrich Kluge / Walther Mitzka, *Etymologisches Wörterbuch der deutschen Sprache*, Berlin [19]1963, S. 194).

22,21 / 17,32 *Kot der Höfe:* Um im Herbst und Winter Dünger für die Felder zu haben, wurden Mist und Kot aus der Tierhaltung, kunstvoll geschichtet zu Haufen und versehen mit Abflussrinnen, das ganze Jahr über im Hof gesammelt.

22,24 / 17,34 *Leinwand:* Mieder aus Leinen, eng anliegendes weibliches Bekleidungsstück in Volkstrachten.

22,28–23,16 / 17,38–18,14 *Er dachte ... Schämen:* Hier klingt zum ersten Mal ein Thema des Maeterlinck-Mottos an, das noch in mehreren Variationen im Rahmen von Törleß' Bewusstwerdungsprozess durchgespielt und dabei verdeutlicht wird: das Versagen von Begrifflichkeit und Sprache zur Bezeichnung von Erlebnisvorgängen. »Im Versuch des direkten Benennens droht zwangsweise die Verwandlung des ganzheitlich Erlebten in Gedanken: der automatische Prozeß des Zerdenkens dessen, was Leben war, setzt ein« (Schönwiese, S. 55).

23,20 / 18,17 f. *gemacht:* gezwungen, künstlich.

23,25 / 18,22 *mit Katzenköpfen gepflastert:* mit Kopfsteinpflaster aus Basaltsteinen befestigt.
nach 23,29 / nach 18,26 [zwei Leerzeilen] Kapitelmarkierung in allen neueren *Törleß*-Ausgaben. Der Roman ist in 29 Kapitel (Freij, S. 9: »Hauptsektionen«) eingeteilt, die durch Setzung von zwei Leerzeilen voneinander abgehoben und kaum noch zu erkennen sind, in der Erstausgabe jedoch durch jeweils neue Seite und vergrößerte Anfangsbuchstaben des ersten Wortes deutlich markiert waren, vgl. Kap. II,3.
24,1 / 18,29f. *Gaskrone:* Kronleuchter, in dem Licht durch Gasverbrennung erzeugt wird; um die Wende zum 20. Jh. stellte die Gasbeleuchtung die übliche Beleuchtungsart in den Städten dar.
24,5 / 18,33 *Bäckerei:* (österr.) süßes Kleingebäck.
24,17f. / 19,3 *Industriegötzen:* als Massenprodukte hergestellte Götterfiguren.
24,19 / 19,4 *bizarren:* seltsamen, launenhaften.
24,19f. / 19,5 *esoterischen:* geheimen, nur Eingeweihten zugänglichen; hier: besondere, in Tibet und Nepal verbreitete Form des Buddhismus.
24,20 / 19,5 *Buddhismus:* vor allem im asiatischen, heute auch vereinzelt im amerikanischen und europäischen Raum verbreitete Religion, die nach dem Beinamen Buddha (›der Erleuchtete‹) ihres Stifters Siddhattha Gotama (um 560 – 480 v. Chr., Fürstensohn aus dem nepalesischen Himalaya) benannt ist. Musil zielt auf die befremdliche Wirkung (im vorwiegend christlich geprägten Österreich der Jahrhundertwende) der buddhistischen Lehre vom Nicht-Vorhandensein eines Ewigen, Unvergänglichen, Absoluten und der buddhistischen Vorstellung, dass jedes Individuum mit seiner von ihm erlebten Welt nur durch ein Zusammenwirken von Daseinsfaktoren zustande kommt, die in funktioneller Abhängigkeit voneinander gesetzmäßig entstehen und wieder vergehen (Dharma).
24,28 / 19,12f. *wie durch eine heimliche Pforte:* In diesem

I. Wort- und Sacherklärungen

Vergleich erscheint die Erkenntnissuche von Beinebergs Vater als Parallele zu Törleß' Anliegen, das »Tor«, die »Pforte«, die »Brücke« zu den Geheimnissen des Lebens zu finden (vgl. auch Anm. zum Titel).

26,1 / 20,5 *gesessen war:* im Süden des deutschen Sprachgebietes noch übliche ältere Umschreibung des Plusquamperfekts, sonst: gesessen hatte.

26,9 / 20,12 *Aberwitz:* Unverstand.

Ekstase: Aussichherausgetretensein, Verzückung.

27,11 / 21,1 *homerischer:* von Homer, der als Dichter der griechischen Versepen *Ilias* und *Odyssee* (Ende 8. Jh. v. Chr.) gilt, so beschriebener.

27,25 / 21,13 *Darstellungen des Martyriums:* Bilddarstellungen des qualvollen Blutzeugnisses, Opfertodes (nach Folterungen) um des (christlichen) Glaubens willen. Das Sammeln solcher Heiligenbildchen war in vielen christlich geprägten Gegenden bei den Kindern beliebt.

28,17f. / 21,34 *aller Unbegründung zu Trotz:* obwohl nicht begründbar.

29,21 / 22,25 *Trigonometrie:* Theorie der Anwendung von Winkelfunktionen, z. B. zur Dreiecksberechnung.

30,19 / 23,10 *Gasflammen:* Gasbeleuchtung, vgl. Anm. zu 24,1 / 18,29 f.

33,1–34,25 / 25,25–26,4 *Törleß' ... Problem:* Der Gestaltung von Törleß' Bemühungen um gedankliche und sprachliche Präzision liegt ein Problemzusammenhang zugrunde, den der österreichische Physiker und Philosoph Ernst Mach (1838–1916), einer der Wegbereiter der modernen Physik, mit seiner *Analyse der Empfindungen* (1886) in die Diskussion gebracht hatte: Nach Mach sind nur die Empfindungen real; sowohl die Dinge als auch das Ich sind in sich geschlossene Empfindungskomplexe, die sich bei genauer Beobachtung als Zusammensetzung von einfacheren Elementen erkennen lassen. Die Genauigkeit und Differenzierung der Beobachtung bestimmen dabei den Grad der Erkenntnis.

35,32f. / 26,40 *Streuhölzer:* runde Holzbalken, die lose und quer zur Wegrichtung aneinander gelegt, den Straßenbelag einer Holzbrücke bilden.

36,23 / 27,18 *Blöße:* Lichtung.

37,19 / 27,43 *klaubte:* hob.

37,20 / 28,1 *abfahrst:* (österr., ugs.) weggehst, verschwindest.

37,21 / 28,2 *Mensch:* (als Neutrum abwertend) Schlampe, Dirne.

38,2 / 28,15 *Boženas:* tschechischer Mädchenname; neben Törleß' Mutter (Anfang und Schluss) die einzige weibliche Figur, die selbst in der Handlung auftritt.

38,17 / 28,27 *Stiege:* schmale Treppe.

38,28 / 28,38 *Kammerzofe:* Dienstmädchen in herrschaftlichem Haus mit besonderen, die Frauen des Hauses betreffenden, Aufgaben.

39,4 / 29,4 *öffentlichen Hause:* Bordell.

39,27 / 29,23 *durch den Lack geguckt:* (ugs.) hinter die Kulissen geblickt, auf die Schliche gekommen, den wahren Sachverhalt erkannt.

41,6 / 30,19 *beizenden:* ätzend scharfen.

42,4 / 31,3 *darum ... daß:* veralt. finale Konstruktion für kausal »darum ... weil«.

43,9 / 31,39 *Dragoneroffizier:* Dragoner: besondere Gattung der Reiterei, deren Hauptwaffe ein kurzes Gewehr war und die hauptsächlich zum Angriff zu Pferde bestimmt war; noch im 19. Jh. von schlachtentscheidender Bedeutung, im 20. Jh. durch motorisierte Kampfverbände ersetzt.

43,27 / 32,12 *in die Hoffnung kam:* verhüllender Ausdruck für ›schwanger wurde‹.

43,32f. / 32,17 *Kölnerwasser:* Kölnischwasser, Eau de Cologne; von der Familie Farina in Köln seit dem 18. Jh. produzierte frisch duftende Lösung oder Destillat ätherischer Öle (Bergamotte, Zitrone, Orangenblüten, Lavendel u. a.); wurde früher auch zum Mundspülen verwendet.

44,6f. / 32,24 *Diners:* festliche Essen, meist mit Gästen.

I. Wort- und Sacherklärungen

44,13 / 32,30 *Manier:* Art und Weise (des Benehmens); (Pl.) Umgangsformen.

45,11 / 33,15 *Sekundäres:* Zweitrangiges, Untergeordnetes.

45,24 / 33,26 *perfides:* tückisches, hinterlistiges.

45,30 / 33,31 *Lade:* Bettgestell.

47,31 / 35,8 *Basini:* Eine der Hauptfiguren des Romans wird hier indirekt über die negative Perspektive Boženas ins Romangeschehen eingeführt. Zum Hintergrund der Romanfigur Basini vgl. Kap. III, S. 47–50.

47,32 f. / 35,9 *nobel:* vornehm.

50,3 / 36,28 *Herrscherpaares:* Kaiser Franz Joseph I. (reg. 1848–1916) und Kaiserin Elisabeth.

51,2 f. / 37,15 *Exzellenz:* zeitgenössischer Titel für Minister und hohe Beamte.

51,18 / 37,27 *Naturalienkabinett:* naturwissenschaftliche Sammlung (etwa zu Unterrichtszwecken).

53,32 f. / 39,15 *Kotzen:* Decken aus grober Wolle.

54,31 / 40,1 *verwogenen:* verwegenen.

55,30 / 40,29 *weitgehnde:* ugs. Auslassung des e der Endung -en nach h.

56,5 / 40,37 *Majorität:* Stimmenmehrheit.

56,10 / 40,42 *Antipathien:* Abneigungen, Widerwillen.

56,14 / 41,2 *Salbung:* urspr. Vorgang der Weihe; hier übertragen auf die hochtrabende Verhaltensweise Beinebergs.

57,8 / 41,26 *Generalstabschef:* erster Planer, Berater und Gehilfe des Oberbefehlshabers der Truppen.

57,15 / 41,32 *Larvenexistenz:* Verbildlichung von Törleß' Situation im Internat als Jugendstadium mancher Tiere, die in diesem Stadium oft mit anderer Gestalt und anderer Lebensweise existieren.

59,6 / 42,40 *Bettel die andern:* sprachliche Eigenheit. Der aus dem Raumadverb »an« hervorgegangene Verbzusatz ist weggelassen.

60,4 / 43,24 *aufwarten:* (veralt.) bedienen; sprachliche Eigenheit zur indirekten Charakterisierung von Basinis großtuerischem Verhalten durch Reiting.

61,26 / 44,29 *Präfekten:* Präfekt: hoher Verwaltungsbeamter.

61,31f. / 44,34 *es litt mich doch nicht:* ich duldete es nicht, ich mochte es nicht hinnehmen.

62,22 / 45,13 *Galgenphysiognomie:* hässlich verzerrtes Gesicht; zugrunde liegt die Vorstellung, dass sich im Erscheinungsbild eines Menschen, besonders im Gesichtsausdruck, sein verbrecherisches Wesen spiegeln könnte.

63,27 / 46,3f. *Inkubation:* Sichfestsetzen von Krankheitserregern im Körper.

64,8 / 46,25 *Blasphemie:* urspr. Lästerung einer Gottheit; verletzende Äußerung über etwas Heiliges.

66,6 / 47,29f. *Schwefelregen:* Schlammregen; im Alten Testament Bestrafung für sündigen Lebenswandel in der Stadt Sodom.

67,14 / 48,23 *Idealismus:* hier nicht als philosophischer Begriff verwendet, sondern als Kennzeichnung eines Strebens nach Verwirklichung moralischer Grundsätze.

67,20f. / 48,29 *wenn es dafür steht:* (österr.) wenn es sich lohnt.

67,25 / 48,32 *Tschibuk:* (türk.) Tabakspfeife mit langem Rohr und kleinem Pfeifenkopf.

67,27 / 48,34 *groteskes:* phantastisch verzerrtes.

67,30 / 48, 37 *gespitzten Bambus:* zugespitzter Bambusstab, um (innere) Verletzungen herbeizuführen; Foltermethode.

68,2 / 48,42 *Allah:* (arab.) der Gott; Gottesbezeichnung im Islam.

68,11 / 49,7 *unter Kuratel zu stellen:* unter strenge Kontrolle, Vormundschaft zu stellen; zu entmündigen.

70,30 / 50,36 *koketter:* eitler, gefallsüchtiger.

73,2 / 52,18f. *drakonische:* sehr strenge (nach dem griechischen Gesetzgeber Drakon, 7. Jh. v. Chr.).

73,31 / 53,2 *Pietätlosigkeit:* mangelnde Rücksicht und Ehrfurcht.

75,32 / 54,19 *zuwarten:* untätig warten.

I. Wort- und Sacherklärungen

75,33 / 54,19 f. *nachdem er Basinis ein für allemal versichert war:* nachdem er Basini in der Hand hatte.
78,13–79,6 / 56,5–28 *Denn ... verlassen wurde:* Zu Ähnlichkeiten und Unterschieden der Wert/Unwert-Vorstellungen Beinebergs mit ideologischen Begründungen vergleichbarer Vorstellungen im Nationalsozialismus vgl. Kap. VI, S. 157–159.
79,9 f. / 56,31 *metaphysischen Gedankengängen:* philosophischen Gedankengängen über die letzten Gründe und Zusammenhänge des Seins, die über jede mögliche Erfahrung hinausweisen.
79,29 / 57,4 f. *hat mich nie mögen:* hat mich nie leiden mögen.
82,19 / 58,43 *indifferent:* gleichgültig, teilnahmslos, unentschieden.
87,28–92,23 / 62,25–65,37 *wie hoch ... zu lösen:* In Törleß' Erlebnis des unendlich hohen Himmels, das er gedanklich zu fassen und in Worte zu kleiden versucht, wird gleichnishaft im mathematischen Problem die wahrnehmungspsychologische Problematik des Romans mit der sprachtheoretischen verknüpft. Die Prozesse des Erlebens, Erfassens, Aussprechens werden als unendlich angesehen, weil sie nicht restlos und eindeutig abschließbar sind. Vgl. auch Anm. zu 7,11 / 7,13; 22,28–23,16 / 17,38–18,14; 33,1–34,25 / 25,25–26,4.
92,20 / 65,35 *unaufhörliche Division:* Teilung, die nie aufgeht, bei der stets ein Rest bleibt (Mathematik).
93,22 / 66,25 *spreitete:* breitete aus.
98,23 / 70,5 *Lache:* Pfütze.
nach 102,24 / nach 72,43 Ende von Kap. 10. Die beiden Leerzeilen sind in GW aus Umbruchsgründen nicht dargestellt. Zur Kapiteleinteilung vgl. Anm. zu 23,29 / 18,26.
103,7 / 73,16 *imaginären Zahlen:* ›eingebildeten‹ Zahlen; komplexe Zahlen als Erweiterung der reellen Zahlen (Mathematik). Die Addition und Multiplikation der komplexen Zahlen ist dabei so definiert, dass die Quadratwurzeln der negativen Zahlen als komplexe Zahlen

existieren und dass jede algebraische Gleichung mit komplexen Koeffizienten eine Lösung hat.

103,29 / 73,35 *irrationalen Zahlen:* reellen Zahlen; Zahlen, die nicht rational, d. h. nicht der Bruch zweier ganzer Zahlen sind (Mathematik).

104,34 / 74,28 *Katechet:* katholischer Religionslehrer.

105,18 / 75,2 *Professorswohnung:* Im süddt. und österr. Sprachraum bezeichnet »Professor« nicht nur den Universitäts-, sondern auch den Gymnasiallehrer. Bei dem Gen. Sg. mit s handelt es sich um eine veralt. Form.

106,8f. / 75,21 *Konkubinat:* urspr. Ehe minderen Rechts zwischen zwei Personen, die keine bürgerliche Ehe eingehen durften; Lebensgemeinschaft.

106,23 / 75,33 *Knaster:* billiger Tabak.

106,25 / 75,35 *konstatiert:* (eine Tatsache) bemerkt, festgestellt.

106,33 / 75,42 *Klemmer:* auch Kneifer, Zwicker; Dialektwort für altertümliche Brille, die zwischen Augenbrauen und Wangenknochen geklemmt wurde.

108,11–13 / 76,41f. *transzendenter ... Faktoren:* übersinnlicher, übernatürlicher, die Grenzen der Erfahrung und des Bewusstseins überschreitender Wirkkräfte.

109,24f. / 77,38 *Renommierband Kant:* besonders wertvoll eingebundener einzelner Vorzeigeband aus den Werken des Philosophen Immanuel Kant (1724–1804); dem thematischen Zusammenhang nach handelt es sich um Kants *Kritik der praktischen Vernunft* (1788).

112,16 / 79,33 *verkostend:* ganz und gar auskostend.

112,28 / 79,42 *revidieren:* hier mehrdeutig: 1. überprüfen, 2. nach eingehender Prüfung ändern.

120,10 / 85,8f. *Sacktüchlein:* Ziertaschentuch, das in der Brusttasche der Anzugsjacke getragen wird.

124,31 / 88,16 *De natura hominum:* (lat.) Über das Wesen des Menschen; Titelbildung nach antikem Vorbild, z. B. »De natura deorum« von Cicero (Arntzen, S. 105).

126,2 / 89,5 *es ihn ... dünkte:* es ihm ... vorkam, schien.

I. Wort- und Sacherklärungen

126,20f. / 89,21f. *ich bin daher ein Seher oder ein Halluzinierter?:* Törleß versucht, seine besonderen Wahrnehmungsfähigkeiten einzuordnen und fragt sich, ob er jemand ist, der Dinge voraussehen kann, oder jemand, der eigenen Sinnestäuschungen unterliegt.

128,16 / 90,33 *Dünung:* hoher Seegang, z. B. nach Sturm.

128,23 / 90,39f. *Repräsentanten an der Oberfläche:* Stellvertreter; hier: das, was in Erscheinung (bzw. in Törleß' Bewusstsein) tritt.

128,28 / 91,1 *Vision:* inneres Gesicht; Erscheinung vor dem geistigen Auge.

128,8 / 91,2 *Illusion:* hier: Selbsttäuschung; eingebildete Wirklichkeit.

128,34 / 91,6f. *Kinematographen:* Kinematograph: Bezeichnung für den ersten Apparat zur Aufnahme und Wiedergabe bewegter Bilder; Vorläufer unserer Filmtechnik.

129,17 / 91,21 *glosenden:* (mundartlich) glühenden, glimmenden.

131,5 / 92,26 *Intuition:* Erkenntnis oder unmittelbare ganzheitliche Wahrnehmung, die ohne Reflexion zustande kommt; Gegensatz zur Erkenntnis durch Reflexion.

132,19 / 93,24 *Anstande:* (Jägersprache) Hochsitz.

135,16 / 95,23 *das gewisse Buch:* vgl. Anm. zu 109,24f. / 77,38.

142,17 / 100,17 *Ränken:* (veralt.) Intrigen, wobei das moralisch Verwerfliche an dem heimlichen und hinterlistigen Verwirrspiel, das einem (arglosen) Menschen schaden soll, betont wird.
gebrach: (gehobener Sprachgebrauch) fehlte.

143,12 / 100,43 *Maitresse:* Geliebte.

143,21 / 101,9 *Borgias:* aus Spanien stammendes römisches Adelsgeschlecht, das vor allem durch die Gewaltherrschaft und das ausschweifende Leben Papst Alexanders VI. (1431–1503), seines Sohnes Cesare (1476–1507) und seiner Tochter Lucrezia (1480–1519) berühmt-berüchtigt ist.

I. Wort- und Sacherklärungen

143,21 f. / 101,9 *Timur Chan:* Timur-Läng (pers., Timur der Lahme; osttürk. Temür ›Eisen‹), asiatischer Eroberer (1336–1405) aus türkisiertem mongolischen Häuptlingsgeschlecht, der in Mittelasien ein neues Reich gründete. Er wurde wegen seiner Grausamkeiten gegen Christen und Muslime auf seinen Kriegszügen durch den Vorderen Orient und Indien bekannt.

143,29 / 101,17 *Sache:* Zur Verdinglichung des Menschen vgl. Kap. VI, S. 157.

146,9 / 103,4 *Traiteur:* (frz.) Delikatessenhändler.

151,2 / 106,20 *Proportionen:* harmonischen Maßen.

157,17 / 110,42 *Agonie:* Todeskampf.

159,28 f. / 112,26 *exzessiver:* ausschweifender, das Maß überschreitender.

162,17 / 114,19 *Perversität:* widernatürliche Triebrichtung; krankhafte Abweichung vom Normalen, wobei »krank« und »normal« als von den jeweiligen gesellschaftlichen Normen abhängige Größen zu definieren sind.

163,17 / 115,4 *Dankpsalmen:* Die Verbindung von Rohheit, Gewalt und Schmutzigem mit einer Vorstellung, die dem Opfer heilig ist, stellt eine besondere Art der Verletzung menschlicher Würde dar.

163,20 f. / 115,7 *apportieren:* Herbeibringen von Gegenständen durch einen Hund.

168,11 / 118,15 *Hypnose:* willenloser, schlafähnlicher Zustand, der durch Beeinflussung künstlich hervorgerufen werden kann.

174,27 / 122,36 *oblag er:* erfüllte er; kam er nach; Verb abgeleitet von »Obliegenheiten« (Aufgaben, die jemandem zufallen, weil sie zu seinem Zuständigkeitsbereich gehören), für den privaten Bereich ungebräuchlich, daher der offizielle und gespreizte Klang.

176,6 / 123,36 *Pedanterie:* übertriebene Genauigkeit, Kleinlichkeit.

179,20 / 126,8 f. *Dafür steht mir Basini nicht:* Das ist Basini mir nicht wert.

I. Wort- und Sacherklärungen

189,11 / 133,3 *wohlverabredete Komödie:* vgl. Minder, Kap. VI, S. 128.

192,13 / 135,12 *Manie:* Besessenheit, Leidenschaft; krankhaft übersteigerte Liebhaberei.

192,14 / 135,13 *Kausalität:* Ursächlichkeit; philosophischer Begriff, der im Laufe seiner über 2000-jährigen Geschichte viele Bedeutungsänderungen erfahren hat und durch die moderne Physik infrage gestellt wird. Hier ist die traditionelle populärwissenschaftliche Vorstellung gemeint, wonach Ursachen ihre Wirkungen hervorbringen oder zumindest ein Zusammenhang besteht, der erkennen lässt, dass und wie Wirkungen aus Ursachen erfolgen.

196,12 / 138,2 *Inspiration:* Eingebung, Erleuchtung im Zusammenhang geistiger Arbeit.

196,33 / 138,19 *Rezeptivität und Spontaneität des Denkens:* Begriffe aus der Kantischen Erkenntnistheorie. Ein Denken, das empfänglich ist für Sinneseindrücke und selbsttätig, also ohne äußere Einwirkung, aus innerem Antrieb erfolgt.

196,33 f. / 138,19 *sekundierte:* hier: pflichtete bei.

197,1 / 138,21 *den subjektiven Faktor:* den persönlichen, das eigene Ich betonenden Umstand.

197,22 / 138,39 *Hysteriker:* Hysterie: eine aus starken Gemütserregungen entstehende abnorme psychische Verhaltensweise.

II. Zur Überlieferung und Druckgeschichte

1. Das Manuskript

Bis auf ein einziges handschriftliches Blatt gibt es keine Entwürfe oder Fassungen zur ersten Niederschrift der *Verwirrungen des Zöglings Törleß*; das Manuskript sowie die mit Alfred Kerr oder jedenfalls unter seinem Einfluss (vgl. dazu Kap. III,2) besorgten Manuskript-Korrekturen sind ebenfalls nicht erhalten. Der Inhalt und die Überlieferung des Einzelblattes in Musils Nachlass als lose Beilage zum frühen Tagebuch-Heft 4 erlauben den Schluss, dieses als mögliches, aber fallen gelassenes Vorwort zum *Törleß*-Roman anzusehen, obwohl auf demselben Blatt, aber in ganz anderer Schrift, Entwürfe zur Novelle *Tonka*[1] stehen. Vielleicht hat Musil eine Manuskript-Reinschrift – es ist anzunehmen, dass es Abschriften gab – als Konzeptpapier für andere literarische Einfälle benutzt, wie er das später auch mit einem Manuskript des Schauspiels *Die Schwärmer* (1921) praktiziert hat. Der Vorwort-Text stellt offensichtlich eine Reinschrift dar, die *Tonka*-Passagen befinden sich noch in einem frühen Entwurfsstadium.

Sowohl der Erstdruck (1906) als auch der Letztdruck (1931) zu Lebzeiten des Autors setzen ein mit einem Abschnitt aus Maurice Maeterlincks Buch *Der Schatz der Armen*; Musil hielt ihn, wie aus einem Brief an Matthias di Gaspero (Abdruck S. 74f.) hervorgeht, für unverzichtbar, um das Verständnis des Romans zu erleichtern. Die im »Vorwort« mit einer weiteren literarischen Anspielung formulierten Bedenken weisen in dieselbe Richtung:

»Im Schatz der Armen steht folgende Tatsache vermerkt: ›Sobald wir etwas aussprechen, entwerten wir es seltsam.

---

[1] Einzeln 1922/23 erschienen, seit 1924 zusammen mit *Grigia* und *Die Portugiesin* in einem Band mit dem Titel *Drei Frauen* vereint.

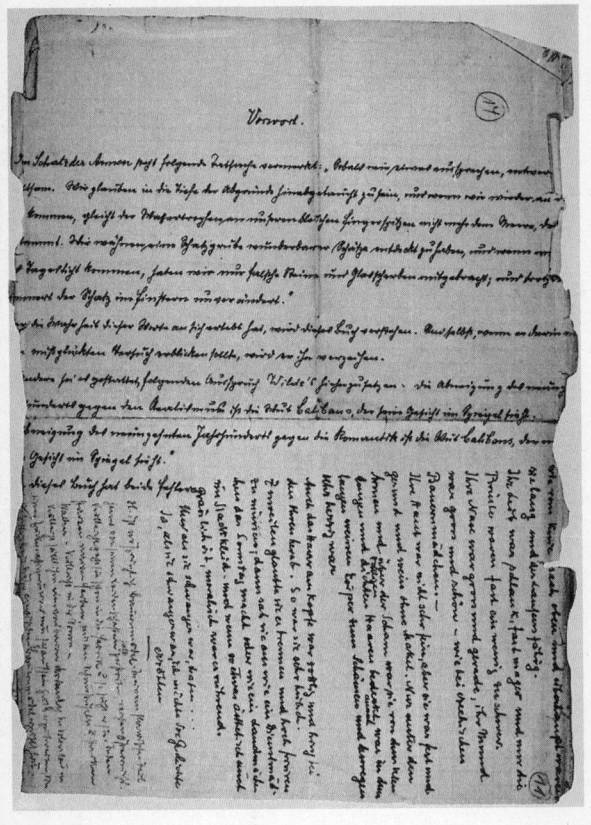

Die einzige Manuskriptseite zum *Törleß*: Entwurf zu einem fallen gelassenen Vorwort, darunter Skizzen zu *Tonka*

Wir glauben in die Tiefe der Abgründe hinabgetaucht zu sein, und wenn wir wieder an die Oberfläche kommen, gleicht der Wassertropfen an unseren bleichen Fingerspitzen nicht mehr dem Meere, dem er entstammt. Wir wähnen eine Schatzgrube wunderbarer Schätze entdeckt zu haben, und wenn wir wieder ans Tageslicht kommen, haben wir nur falsche Steine und Glasscherben mitgebracht; trotzdem schimmert der Schatz im Finstern unverändert.‹[2]

Wer die Wahrheit dieser Worte an sich erlebt hat, wird dieses Buch verstehen. Und selbst, wenn er darin nur einen mißglückten Versuch erblicken sollte, wird er ihn verzeihen.

Für Andere sei es gestattet, folgenden Ausspruch Wilde's hieherzusetzen: ›Die Abneigung des neunzehnten Jahrhunderts gegen den Realismus ist die Wut Calibans, der sein Gesicht im Spiegel sieht.

Die Abneigung des neunzehnten Jahrhunderts gegen die Romantik ist die Wut Calibans, der nicht sein Gesicht im Spiegel sieht.‹[3]

Denn dieses Buch hat beide Fehler.«

Tagebücher II, S. 841.

2. Die Druckgeschichte zu Lebzeiten Musils

Die Textgestalt des *Törleß*-Romans änderte sich mehrfach, wenn auch nicht inhaltlich gravierend, obwohl Musil eigenen Aussagen zufolge nach dem Erstdruck im Wiener Verlag 1906 noch zweimal persönlich korrigiert hat: 1911, als er zum Georg-Müller-Verlag in München überwechselte

---

[2] Identisch mit der Textfassung des Mottos; nach Frisé (Tagebücher II, S. 841) sind beide der 2., verb. Aufl. des Maeterlinck-Buches entnommen (übers. von Friedrich von Oppeln-Bronikowski, Florenz/Leipzig: Diederichs, 1902).

[3] Abgewandeltes Zitat aus Oscar Wildes Vorwort zu *Das Bildnis des Dorian Gray*. – Caliban ist ein halbtierisches Ungeheuer in Shakespeares *Sturm*.

und eine zweite Auflage gedruckt wurde (vgl. S. 65), und 1931, als der Rowohlt-Verlag in Berlin, der bereits einige Jahre neben anderen Werken Musils auch den *Törleß* verlegte, die dritte Auflage (11.–15. Tsd.) herstellte. Die dazwischenliegenden Verlagswechsel hatten nicht unbedingt eine Neuauflage zur Folge. Helmut Arntzen geht davon aus, dass sowohl beim Wechsel zum S. Fischer-Verlag 1914 als auch beim Wechsel zum Rowohlt-Verlag für den *Törleß*-Roman 1925[4] nur Titelauflagen hergestellt worden sind.

1937 wechselte Musil zum Bermann-Fischer-Verlag, Wien, der aber vor dem ›Anschluss‹ Österreichs an Deutschland keine Gelegenheit fand, *Die Verwirrungen des Zöglings Törleß* herauszubringen. Bis 1938 der Verleger selbst auf abenteuerliche Weise nach Schweden flüchten musste, war er primär an einem Fortsetzungsband des *Mann ohne Eigenschaften* interessiert. Musil emigrierte 1938 in die Schweiz, wo sich für ihn bis zu seinem Tod am 15. April 1942 keine Publikationsmöglichkeit für den Jugendroman mehr fand.

Nach Musils Vorstellungen hätte eine Ausgabe seiner *Gesammelten Werke* unbedingt mit den *Verwirrungen des Zöglings Törleß* beginnen sollen[5]; konkrete Pläne hierzu arbeitete Martha Musil nach dem Tod ihres Mannes aus, konnte aber weder im Europa der Kriegs- und frühen Nachkriegszeit noch in den USA einen Verleger dafür gewinnen.

Einen Einblick in Musils Korrekturen vermittelt ein Vergleich seines erhalten gebliebenen Handexemplars des Erstdrucks mit einem Exemplar von 1931, den der schwedische Musil-Forscher Lars W. Freij unter Mithilfe von Gaetano Marcovaldi, dem Stiefsohn Musils, vorgenommen hat. Aus-

---

4 Arntzen, Musil-Kommentar, Bd. 1, S. 95. Roth, Robert Musil, S. 522, setzt dagegen das Copyright des Rowohlt-Verlags auf 1930 an.
5 Vgl. Renate Schröder-Werle, »Zur Vorgeschichte der Musil-Rezeption nach 1945«, in: *Colloquia Germanica* 10 (1976/77) H. 3, S. 255.

gegangen wurde dabei von den Eintragungen des Autors. Über weitere Varianten des Erstdrucks, die Musil hier nicht angestrichen hat, ist damit noch nichts gesagt. Genaueres müsste eine historisch-kritische Ausgabe erst eruieren; sie müsste auch die Unstimmigkeiten der Zeichensetzung untersuchen, die nicht nur auf Musils Korrekturen, sondern auch damals schon auf Schwierigkeiten der Setzer zurückzuführen sind, die musilsche Zeichensetzung bei den jeweils anderen Zeilen- und Seitenschlüssen eindeutig und im Sinne Musils zu gestalten.
Möglich ist weiterhin, dass Musil sich auch noch nach 1931, nach Druck der dritten Auflage, Korrekturen in sein Handexemplar gemacht hat. Vielleicht weil ihm, wie zahlreiche Briefe aus der Schweizer Zeit nach 1938 belegen, kein einziges Exemplar der Auflage von 1931 mehr zugänglich war, dagegen aber noch sein Handexemplar von 1906. Vielleicht hatte er aber auch 1931 nicht alle Korrekturen und Unstimmigkeiten berücksichtigt wissen wollen, sondern nur, wie er am 14. Oktober 1940 an Carl Jakob Burckhardt schrieb, die ärgsten Sprachsünden »gemildert«, ohne sie ganz tilgen zu können, »weil die Sünde eben doch Fleisch ist« (Abdruck des Briefes S. 61).

3. Die Druckgeschichte nach Musils Tod

Die Verwirrungen des Zöglings Törleß wurden dem Leser erst wieder in der Ausgabe der *Gesammelten Werke* des Rowohlt-Verlags zugänglich. Diese Ausgabe begann 1952 – entgegen Musils eigenem Konzept – mit dem *Mann ohne Eigenschaften*, der *Törleß*-Roman folgte erst im dritten Band *Prosa, Dramen, Späte Briefe*, der 1957 erschien. Erst zwei Jahre später konnte der Roman als einzelnes Taschenbuch erworben werden, und sofern man die Auflagenhöhe als Indikator für die Wirkung gelten lässt, kann man sagen, dass der Jugendroman sich auch alleine und unabhängig

Einband der Taschenbuchausgabe in den achtziger und neunziger Jahren

von Musils berühmterem *Mann ohne Eigenschaften* durchgesetzt hat.
Nach Lebzeiten des Autors erschienen folgende Ausgaben:

Gesammelte Werke in Einzelausgaben. Hrsg. von Adolf Frisé. Bd. 3: Prosa, Dramen, Späte Briefe. Hamburg: Rowohlt, 1957. S. 15–146. [Neudruck der 3. Aufl. 1931.]
Taschenbuchausg.: Hamburg: Rowohlt, 1959. (rororo 300.) [Ab 341.–358. Tsd. Aug. 1978 seitenidentisch mit GW II, S. 7–140. 644.–658. Tsd. Nov. 1992.]
Sämtliche Erzählungen. Reinbek bei Hamburg: Rowohlt, 1968. S. 9–140. [Ab 83.–89. Tsd. Jan. 1979 seitenidentisch mit GW II, S. 7–140.]
GW II. Reinbek bei Hamburg: Rowohlt, 1978. S. 7–140. [Seitenidentisch mit Bd. 6 der neunbändigen GW-Taschenbuchausg.]
Gesammelte Werke. Sonderausg. in 2 Bdn. Bd. 1: Prosa und Stücke [...]. Reinbek bei Hamburg: Rowohlt, 1983. S. 7–140. [Seitenidentisch mit GW II.]
Gebundene Einzelausg.: Reinbek bei Hamburg: Rowohlt, 1983. S. 7–140.
Neue Taschenbuchausg.: 722.–733. Tsd. Reinbek bei Hamburg: Rowohlt, 1998. (rororo 10300.) S. 7–200.
Einmalige Taschenbuch-Sonderausg.: Reinbek bei Hamburg: Rowohlt, 1998. (rororo 22511.) S. 7–200.

Lizenzausgaben:
Darmstadt: Moderner Buch-Club, 1957. 164 S.
Frankfurt a. M.: Suhrkamp, 1975. (Bibliothek Suhrkamp. 448.) 185 S.
Stuttgart/München: Deutscher Bücherbund [1984]. (Bibliothek des 20. Jahrhunderts. Hrsg. von Walter Jens und Marcel Reich-Ranicki.) S. 7–244. [Mit einer Zeichnung von Georg Eisler und einem Beih. von Walter Jens.]
Taschenbuchausg. Leipzig: Reclam, 1986. (Universal-Bi-

bliothek. 1146.). S. 7–162. [Text nach der Rowohlt-Ausg. 1983, aber nicht seitenidentisch. Mit einem Nachw.]
Gütersloh: Bertelsmann Club [u. a., 1993]. (Jahrhundert-Edition. Hundert Meisterwerke der modernen Weltliteratur. Hrsg. von M. Wegner.) S. 7–189.
Frankfurt a. M. / Wien: Büchergilde Gutenberg [1998]. (Die kleine Reihe.) 191 S.

In allen diesen Ausgaben zeigt sich das äußere Bild des Romans völlig anders strukturiert, als dies vom Autor, dem diese Frage sehr wichtig war, jemals intendiert war. Von den großzügig gesetzten über 300 Seiten des Erstdrucks blieben knappe 140 Seiten in den meisten Ausgaben nach Lebzeiten übrig, wie es für eine Platz sparende Taschenbuchpräsentation nicht ungewöhnlich ist. Die vom Autor vorgegebene klare Strukturierung durch Einteilung in Kapitel, die ursprünglich deutlich voneinander abgehoben jeweils auf einer neuen Seite und mit Initialen begannen, ist nivelliert in einer Markierung der Kapitel durch zwei Leerzeilen und damit leicht zu übersehen, da Abschnitte jeweils durch eine Leerzeile markiert werden. Die bibliophilen, aufwendiger gedruckten Lizenzausgaben mildern diesen Eindruck, heben ihn aber nicht völlig auf.
Umbruch und Paginierung in den verschiedenen Ausgaben wurden 1978/79 anlässlich einer revidierten Ausgabe des Gesamtwerks Musils vereinheitlicht, die Lizenzausgaben und die neue Taschenbuch-Ausgabe des Rowohlt-Verlags (1998) weichen davon wieder ab.
Zu Editionsprinzip, Druckvarianten und Korrekturen der revidierten Ausgaben (seit 1978) teilt Adolf Frisé, der Herausgeber, nur einige wenige Angaben mit; gravierende Druckfehler[6] wurden sukzessive bereinigt.

---

6 Vgl. dazu vor allem Rieth, S. 17, und Freij, S. 187 ff.

Einband der Taschenbuchausgabe von 1998

III. Zur Entstehungsgeschichte

1. Produktionsprozess: Ideen, Stoff, historische Vorbilder

Obgleich der »Stoff«, die autobiographisch gefärbte Geschichte der Zöglinge, und wesentliche Themenzusammenhänge der *Verwirrungen* bereits Jahre vor dem eigentlichen Schreibbeginn vorlagen, gibt es keinen Hinweis darauf, dass und wann Musil den Plan fasste, daraus die *Verwirrungen des Zöglings Törleß* zu schaffen.

Im frühesten authentischen Zeugnis, dem Entwurf eines Briefes an Stefanie Tyrka[1] vom 1. August 1903 spricht er von diesem »dummen Roman, der ganz sicherlich nicht sehr innig zu mir gehört, den zu vollenden ich mir aber nun einmal in den Kopf gesetzt habe« (Briefe I, S. 8). Wenn auch »vollenden« auf bereits umfangreiche Vorarbeiten deutet, so werden doch weder Titel noch Romanfiguren, Handlung oder Problemzusammenhänge des *Törleß* erwähnt.

Für das Jahr 1904 liegt kein Briefzeugnis Musils vor, auch kein Hinweis an Dritte ist überliefert; im Frühjahr 1905 heißt es dann in einem weiteren Briefentwurf an Stefanie Tyrka: »[...] mein Roman. Sie gähnen? Ja, also er ist fertig. Schon seit Wochen« (Briefe I, S. 12). Und der Entwurf fährt fort mit einer differenzierten Auseinandersetzung mit dem Roman (vgl. Kap. IV).

Diese frühen Datierungen markieren Anfangs- und Endpunkt der Niederschrift des Romans von der zweiten Hälfte des Jahres 1902 bis in die ersten Monate des Jahres 1905, umrahmt von einem Jahr planloser »Vorübungen« ohne

---

[1] Stefanie Tyrka-Gebell (gest. 1949), engere Bekannte Musils, unterhielt einen Salon und war selbst literarisch tätig. Mit zunehmender Sicherheit in Stilfragen rückte Musil von ihrem Urteil ab.

Robert Musil als Militär-Oberrealschüler, 1894

1. Produktionsprozess

Niederschrift und weiteren eineinhalb Jahren bis zum Erscheinen des Buches.

Ein Blick auf die Lebensumstände des jungen Musil seit dem Ende seiner Schulausbildung verdeutlicht die äußeren Bedingungen, unter denen der Jugendroman entstand:

»Nach Absolvierung der Militär-Oberrealschule in Mährisch-Weißkirchen bezog Musil am 1. September 1897 die Technische Militärakademie in Wien. Dort interessierte ihn im artilleristischen Fache die Ballistik. [...] Aber im Grunde seines Herzens war er jetzt so weit, zu erkennen, daß für ihn das Militär, wo man außer Weibern und Pferden keinen Gesprächsstoff und keine Geistigkeit kannte, nicht die Erfüllung seines Lebenszieles bedeuten konnte.«

> Karl Dinklage: Musils Herkunft und Lebensgeschichte. In: Robert Musil. Leben, Werk, Wirkung. Hrsg. von K. D. Zürich/Wien: Amalthea-Verlag, 1960. S. 209. – Mit Genehmigung der Rowohlt Verlag GmbH, Reinbek bei Hamburg.

Am 30. Dezember 1897 wurde dem Ansuchen Prof. Alfred Musils stattgegeben, seinen Sohn Robert aus der Militärerziehung zu entlassen. Ab Januar 1898 folgte das Studium des Maschinenbaus sowie der Mathematik und Physik an der Deutschen Technischen Hochschule in Brünn, im Oktober 1899 die Erste Staatsprüfung, im Juli 1901 die Zweite Staatsprüfung, von Oktober 1901 bis Ende September 1902 der Militärdienst als Einjährig-Freiwilliger in Brünn. Von Oktober 1902 bis Oktober 1903 (unterbrochen von einer kurzen Waffenübung in Brünn) war Musil Volontär-Assistent bei dem in wissenschaftlich-technischen Kreisen sehr renommierten Carl von Bach an der Material-Prüfungsanstalt der Technischen Hochschule Stuttgart, ab November 1903 bis zur Promotion 1908 studierte er Philosophie und Psychologie sowie Mathematik und Physik an der Friedrich-Wilhelms-Universität Berlin (vorwiegend bei Carl

Stumpf). Dazwischen legte Musil am Deutschen Staatsgymnasium in Brünn die (humanistische) Reifeprüfung ab, Voraussetzung für einen Studienabschluss an einer deutschen Universität, schrieb mehrere Artikel für wissenschaftlich-technische Zeitschriften und erfand für den Studienkollegen und Jugendfreund Johannes von Allesch einen »Variationskreisel« zur wissenschaftlichen Untersuchung der Wahrnehmung im Rahmen der empirischen Psychologie.

Im Briefentwurf an Stefanie Tyrka vom 1. August 1903 klagt Musil denn auch über Zeitmangel, wie er ihn noch nie in seinem an Examina reichen Leben so intensiv erfahren habe, und spricht von seinem sechzehnstündigen Arbeitstag (Briefe I, S. 8). Es gibt keine weiteren zeitgleichen Hinweise darauf, wie Musil unter diesen wenig inspirierenden und Zeit raubenden Verhältnissen den *Törleß*-Roman zustande bringen konnte, seine späteren Rückblicke klären das Rätsel auch nicht, sondern fügen sich – mit Ausnahme des spätesten Zeugnisses aus den beiden letzten Lebensjahren – ein in die in der Musil-Forschung vielzitierte Story vom verschenkten Stoff und dem Romanbeginn aus Langeweile oder gereiztem Ehrgeiz, jedenfalls ganz nebenbei, zwischen Büro und Freundin. Die folgende Erklärung stammt aus einem stilisierenden Nachwort-Entwurf zu einem geplanten Fortsetzungsband des *Mann ohne Eigenschaften* mit dem Titel *Vermächtnis II*:

»Kurze Zeit, ehe ich die Verw. d. Z. T. zu schreiben begann, etwa ein Jahr vorher, habe ich diesen ›Stoff verschenkt‹, d. h. alles, was in der Geschichte an ›Milieu‹, an ›Realität‹ und ›Realismus‹ vorkam. Ich war damals bekannt mit zwei begabten ›naturalistischen‹ Dichtern, die heute vergessen sind, weil sie beide sehr jung starben (Fr. Sch. u Eug. Sch.)[2]. Ihnen erzählte ich das Ganze, das ich mit angesehen (es war

---

2 Franz Schamann (1876–1909) und Eugen Schick (1877–1909), in Brünn um die Jahrhundertwende bekannte Schriftsteller.

in entscheidenden Dingen anders, als ich es später darstellte), u. trug ihnen an, damit zu machen, was sie wollten. Ich selbst war damals ganz unbestimmt; ich wußte nicht, was ich wollte, und wußte bloß, was ich nicht wollte, und das war ungefähr alles, was zu jener Zeit für das galt, was man als Schriftsteller tun sollte. Als ich ein Jahr später selbst nach dem Stoff griff, geschah es buchstäblich aus Langeweile. Ich war 22 Jahre alt, trotz meiner Jugend schon Ingenieur und fühlte mich in meinem Beruf unzufrieden. Jeden Abend um ½ 9 Uhr besuchte mich eine Freundin[3], aus dem Büro kam ich aber schon um 6 Uhr nach Hause, Stuttgart, wo sich das abspielte, war mir fremd und unfreundlich, ich wollte meinen Beruf aufgeben und Philosophie studieren (was ich bald auch tat), drückte mich von meiner Arbeit, trieb philosophische Studien in meiner Arbeitszeit u am späten Nachmittag, wenn ich mich nicht mehr aufnahmefähig fühlte, langweile ich mich. So geschah es, daß ich etwas zu schreiben begann, u. der Stoff, der gleichsam fertig dalag, war eben der der V. d. Z. T. Durch ihn u seine, wie man sagte, amoralische Behandlung erregte das Buch Aufsehen, u ich geriet in den Ruf eines ›Erzählers‹. Nun muß man natürlich erzählen können, wenn man die Erlaubnis beansprucht, es nicht zu wollen, u. ich kann es auch leidlich, aber bis zum heutigen Tag kommt das, was ich erzähle, für mich erst in zweiter Linie. Auch damals war die Hauptsache für mich schon eine andere.«

GW II, S. 954.

Nach der von OSKAR MAURUS FONTANA[4] (1889–1969) überlieferten Version, die die Entstehung und Niederschrift des Romans ebenfalls ins Nebenher und Beiläufige verweist,

---

3 Etwa 1902 nahm Musil engere Beziehungen zu Herma Dietz auf, die ihm auch nach Stuttgart und Berlin folgte, wo sie 1907 starb.
4 Fontana lernte Musil 1914 in Berlin kennen, eine engere Bekanntschaft ergab sich erst nach 1918, als beide im österreichischen Staatsamt für Heereswesen arbeiteten.

kämen dagegen dem Stoff, im Sinne einer Geschichte der vier Zöglinge, und gerade seiner »amoralischen Behandlung« große Bedeutung zu:

»Von den Schriftstellern habe er nie viel gehalten, erzählte er mir einmal, es sei in ihnen seit je für seinen Geschmack zuviel blaue Luft gewesen. Das habe ihn so aufgereizt, daß er eigentlich dadurch selbst in die Literatur geraten sei. In Brünn, wo Musil seine Jugendjahre verbrachte, gab es damals Franz Schamann, dessen Dramen und Geschichten durch ihre naturalistische Behandlung erotischer Probleme, aber auch durch ihre Kraft und Eigenart stark wirkten. Allgemein galt er als eine verheißungsvolle, wenn auch zuchtlose Begabung. Brünn war stolz, ein ›Original-Genie‹ zu haben. Auch Musil las Schamanns Bücher. Sie interessierten ihn vom Stofflichen her, zugleich aber auch wunderte es ihn, daß man mit so unfertigen, unausgegorenen Arbeiten ›berühmt‹ werden könne. Das vermöge er auch, sagte sich Musil, und um sich das zu beweisen, schrieb er *Die Verwirrungen des Zöglings Törleß*, zuerst in Stuttgart und dann in Berlin. Zu seinem eigenen maßlosen Erstaunen sah er sich mit einem Male gedruckt – im Wiener Verlag.«

> Oskar Maurus Fontana: Erinnerungen an Robert Musil. In: Robert Musil. Leben, Werk, Wirkung. Hrsg. von Karl Dinklage. Zürich/Wien: Amalthea-Verlag, 1960. S. 331. – Mit Genehmigung der Rowohlt Verlag GmbH, Reinbek bei Hamburg.

Weniger legendenbildend, dafür differenzierter, setzte sich Musil im Rahmen der »Aufzeichnungen eines Schriftstellers« (um 1940/41) mit seinen literarischen Anfängen auseinander. Anhand dieser Stichworte zu einer »Selbstbiographie« als Schriftsteller wird deutlich, wie sehr die eigenen frühen Denk- und Schreiberlebnisse zur Vorlage für Törleß' geistige Entwicklung geworden sind. Die hier zitierten

1. Produktionsprozess

Absätze stehen im Kontext der Frage Musils, welche frühen Phasen noch der Entwicklung seiner literarischen Anlage oder Begabung und welche bereits der bewussten Erfüllung einer dichterischen Aufgabe zuzuordnen seien. Über die vor der *Törleß*-Niederschrift wirksam werdenden Ausprägungen, die Ähnlichkeit mit der im Erzählerrückblick enthaltenen »Bildungsgeschichte« der Törleß-Figur haben, heißt es da:

»Die Anlage tendiert nach verschiedenen Richtungen. Wie der Vogel im Ei.
Man drückt Gemütslagen aus. Jugendliche Melancholie. Paraphrasen. Vorpubertäts- u Pubertätseinfälle.
Die Erfindungen, die Form kommen von außen, von dem, was gerade da ist. Der Typus des Zusammenwirkens ist der des ›Primanerdramas‹.
Durchaus kein Realismus. Die Realität wird nicht beachtet. Reale Vorstellungen fehlen völlig. Man ist ein interessantes Objekt, ohne es zu bemerken; man könnte das interessanteste Buch über sich schreiben u. weiß nichts davon; möchte es auch verschmähen. (Man hat keine Distanz zu sich. d. h. keinen Point de vue[5] außerhalb der aktuellen Gefühle. Man hat keine Beobachtung, weil man gar nicht weiß, was mit der Beobachtung anfangen.) (In der Philosophie spricht man von einer Stufe der Objektivierung, der Spaltung in Subjekt u Objekt)
Dieser Spaltungsvorgang, die Selbstbeobachtung, wird etwas später besonders lebendig. Mr. le vivisecteur.[6] Bei mir

---

5 (frz.) Gesichtspunkt.
6 *Monsieur le vivisecteur:* (frz., Vivisektion: Zergliederungskunst) sowohl als Geisteshaltung (Rolle, Figur), methodischer Zugriff einer psychischen Zergliederung, als auch als Stilprinzip ständig wechselnder Perspektiven von Musil um die Jahrhundertwende, noch vor den *Paraphrasen*, als angemessene eigene literarische Gestaltungsmöglichkeit erkannt; diente auch als Sammeltitel einer Reihe von Fragmenten (zur Bedeutung des Begriffs in Wissenschaft, Kunst und Literatur der Jahrhundertwende sowie zum Einfluss Nietzsches vgl. Mulot, Der junge Musil, S. 74–127).

kam es überdies auch von der Zeitmode. À la Nietzsche: ein Psychologe. In summa kommt da etwas von außen. Die ›Moderne‹[7] kam.«

GW II, S. 922 f.

Die im *Törleß* thematisch gestaltete Sprachproblematik scheint ebenfalls autobiographische Grundlagen zu haben, auch wenn bis zur Niederschrift des Romans oder währenddessen, besonders mit Beginn des Philosophie- und Psychologie-Studiums, andere, vorwiegend theoretische Einflüsse wahrscheinlich sind:

»Das Fehlen der Realität war immer noch quälend. Trotzdem instinktiv sichere Ablehnung des Realismus, der damals ein so nahes Vorbild war. Die Affekte waren noch Stimmungen. Die Gedanken lallten wie eine gelähmte Zunge. Die verunglückenden dramatischen Versuche. Die Unfähigkeit, auch nur einen Einfall befriedigend auszudrükken. Ich gäbe selbst darum etwas, wenn ich den Unsinn genau kennte, den ich damals gedacht habe. Immer noch Vogel im Ei; oder Katzen in einem Sack. Die Äußerung war völlig inkommensurabel[8] dem Gewollten. [...]
Am stärksten Denkeinflüsse (Nietzsche, Emerson, Maeterlinck)[9]. In gewisser Abspaltung davon der Einfluß Schau-

---

7 Von dem Schriftsteller und Kritiker Hermann Bahr geprägter Begriff (als Gegensatz zu Antike) für die Literatur und Kunst am Ende des 19. Jh.s, Mulot weist Musils intensive Auseinandersetzung mit der zeitgenössischen Literatur während der Jahre 1898–1902 nach und widerlegt die Ansicht, dass er vor der *Törleß*-Niederschrift noch wenig an belletristischer Literatur gelesen habe.
8 unvereinbar.
9 Über die enorme Bedeutung der frühen Nietzsche-Lektüre für Musil herrscht in der Forschung Übereinstimmung, über die Art der Lektüre dagegen nicht, obgleich sich Titel und Exzerpte anhand der frühen Tagebucheintragungen rekonstruieren lassen. Entscheidender ist, dass sich Musils Begriff des Lesens und Verstehens gerade in Bezug auf Nietzsche gewandelt hat: er las offenbar mehrmals und selektiv und

kals.¹⁰ Man kann nicht sagen, daß das Dichterische zurückblieb; aber es geriet unter ein schwächeres Potential.
Plötzlich der Törleß. Die Seltsamkeit der Themenwahl. Das unterirdische Eigentliche [...].
Bis daher ist alles Entwicklung einer Anlage. Keine Besinnung auf die Aufgabe.«

GW II, S. 923.

Die Entstehung des *Törleß* ist also nicht auf eine vorher bestimmte dichterische Aufgabe oder Absicht zurückzuführen, sondern wird – wie das ungedruckt gebliebene Jugendwerk des Autors – noch unter die Entwicklung seiner dichterischen Anlagen subsumiert. Dennoch hat Musil den Roman als einen der wesentlichen »Teile«, aus denen sich seine »Auffassung der Dichtung« aufbaut, bezeichnet.¹¹
Eine Erklärung für den scheinbaren Widerspruch kann man dem Hinweis auf die autobiographischen Grundlagen entnehmen, der in den *Aufzeichnungen eines Schriftstellers* enthalten ist: Das konstante Interesse an einer Thematisierung von geistig-sinnlichen Erkenntnisvorgängen im weitesten Sinne und ihrer Vermittlung ist eine der Quellen Musilscher

    wunderte sich bei der späten Lektüre der frühen Tagebücher über sein Nietzsche-Verständnis.
    Ralph Waldo Emersons (1803–82) Sammlung *Essays 1. Folge* war ihm nachweislich im Sommer 1905, also zwischen Fertigstellung der Niederschrift und Erscheinen des Buches bekannt, um 1902 hat er Emerson möglicherweise über Maurice Maeterlincks *Der Schatz der Armen* rezipiert. Zum Einfluss dieses Buches vgl. S. 22 und Kap. I, Anm. zu 7,11 / 7,13.
10 Richard von Schaukal (1874–1942), um die Jahrhundertwende im deutschsprachigen Raum vor allem mit seiner Lyrik bekannt gewordener Schriftsteller. Nach Aussagen von Jugendfreunden Musils eine Art Idol der jungen Brünner Literaten.
11 Brief an Viktor Zuckerkandl, Lektor des Bermann-Fischer-Verlages, vom 18. November 1938 (Briefe I, S. 879). Innerhalb der Musil-Forschung ist das frühe Urteil über den *Törleß* als eine Art geistiger Vorstufe oder Vorarbeit zum *Mann ohne Eigenschaften* vor allem durch die Ergebnisse von Reniers-Servrancx gründlich revidiert worden.

III. Zur Entstehungsgeschichte

Dichtung von den Anfängen bis über den *Mann ohne Eigenschaften* hinaus: das »unterirdische Eigentliche«.
In seinen frühesten, noch nicht literarisch ausgeformten Aufzeichnungen greift er zur Darstellung der Denk-Vorgänge, die bei einem Bewusstwerdungsprozess ablaufen, auf die eigenen Erfahrungen zurück, so in einem zu den *Visecteur*-Fragmenten[12] gehörenden Entwurf, der bereits um 1900 entstanden ist und in Strukturierung und Ergebnis der Gedankenhandlung sowie einzelnen Vergleichen große Ähnlichkeit mit den »Verwirrungen« der Törleß-Figur erkennen lässt:

»Aus dem stilisirten Jahrhundert
(Die Strasse)
Wissen Sie, wie eine Straße aussieht? Ja?! Wer sagt Ihnen daß eine Straße *nur* das ist, wofür Sie es halten. Sie können sich nicht vorstellen, daß es noch etwas anderes sein könnte? –
Das kommt von der zweimalzwei ist vier=Logik. Ja aber 2 x 2 ist doch 4! Gewiß, wir sagen es und weiter geht die Sache niemanden an.
Aber es giebt doch auch Dinge die ihre Existenz nicht blos einem Übereinkommen unter uns Menschen verdanken und da können wir unserer Logik nicht so unbedingt trauen. Wozu übrigens sich weiter beschweren Was ich Ihnen sagen will bedarf gar keiner solchen Einleitungen es beruht blos auf einem Empfindungsgegensatze. : Treten Sie auf die Straße hinaus so sind Sie plötzlich unter lauter 2 x 2 = 4 Menschen. Fragen Sie einen von diesen: Bitte was ist eine Straße, so erhalten Sie die Antwort: ›Straße – Straße, Schluß, bitte stören Sie mich nicht weiter‹ Sie schütteln den Kopf: Straße = Straße? Sie denken nach und beobachten Ihre Umgebung. Nach einiger Zeit finden Sie: ›Aha Straße [...], etwas gerades, taghelles, dient um sich darauf fortzu-

---

12 Zur Datierung vgl. Albertsen, »Jugendsünden?«, in: Studien, S. 20 ff., und Frisé, in: Tagebücher II, S. 4 ff.

1. Produktionsprozess

bewegen.‹ Und Sie empfinden plötzlich ein colossales Überlegenheitsgefühl, wie ein Hellsehender unter Blinden. Sie sagen sich: Ich weiß ganz bestimmt, daß eine Straße nichts gerades taghelles ist, sondern daß sie vergleichsweise →ebensogut← etwas Vielverzweigtes, Geheimnis- und Räthselvolles ist →sein kann←, mit Fallgruben und unterirdischen Gängen, versteckten Kerkern und vergrabenen Kirchen. →Sie wundern sich wieso Ihnen gerade das einfällt und lassen es doch im Geiste bei diesen Ausdrücken bewenden ...← Ihre angeborene 2 x 2 = 4 Logik beruhigen Sie mit dem Gedanken, daß ja auch sie überall das ›vergleichsweise‹ vorsetzen muß, wenn sie aufrichtig ist. Dann denken Sie darüber nach, wie es denn kommt, daß die andern Menschen das gar nicht merken. Vielleicht kommen Sie dann darauf, daß es bei Ihnen ja auch erst des heutigen Tages bedurft hatte um es Ihnen klar werden zu lassen. Und Sie denken nun nach wieso dies wol zusammenhängen möge. Sie finden keinen Grund an was immer Sie auch denken mögen, bis es Ihnen vielleicht einfällt genau in sich selbst zu gehen. Sie legen sich eine Frage formaler Logik vor und ihr Geist arbeitet mit gewohnter Sicherheit. Er ist also normal und ihr Mißtrauen wendet sich gewohnheitsmäßig jenem räthselvoll sprunghaften Theil Ihres Inneren zu, den Sie mitunter Gemüthsleben, mitunter Nerven →od. auch anders← nennen. –«[13]

Tagebücher I (Heft 4), S. 8f.

Eine von ihm später als »Grunderlebnis« eingestufte zentrale Selbstbeobachtung des Lebendigwerdens eines Gedankens beschäftigt Musil seit seinem 18. Lebensjahr. Neben der dichterisch-gleichnishaften Gestaltung des Themas

13 Abdruck ohne Anmerkungen Frisés; eindeutige Korrekturen Musils sind zur besseren Lesbarkeit ohne textkritische Zeichen im Text belassen. Die Pfeile markieren Text über der Zeile (der aber nicht eindeutig in den Text eingefügt ist, etwa durch Streichen einer Zeile, Interpolieren, Korrekturzeichen usw.).

im *Törleß*-Roman (z. B. im Unendlichkeitserlebnis des jungen Törleß) findet sich auch die essayistisch-diskursive, etwa in den auktorialen Kommentaren des Erzählers, der diesen Vorgang mit Erleuchtung und Intuition vergleicht oder am Schluss den inneren Zustand des Zöglings während seiner Rede direkt beschreibt. Eine frühe (um 1901/02 entstandene) Analyse des geistigen Vorgangs, die fast wörtlich im Roman wiederkehrt (vgl. D.V.d.Z.T., S. 194–196 / GW II, S. 136 f.), findet sich im frühen Tagebuch Musils, hier noch völlig isoliert von der Romanfigur Törleß, in ihrem autobiographischen Zusammenhang:

»Und heute – ein Jahr später – wird dies wieder in mir lebendig – ich sehe also, daß es wirklich in mir gestorben war – so wie jene ganze schöne Zeit. [...]
Wir können eine großartige Erkenntnis nicht in uns festhalten, sie welkt dahin, verknöchert und unversehens bleibt uns nichts in Händen, als das armselige, logische Gerüste der Idee.«

Tagebücher I (Heft 4), S. 17.

An anderer Stelle heißt es:

»Zur stillsten Stunde.
Jeder Mensch ist ein Friedhof seiner Gedanken. Am schönsten sind sie für uns im Momente ihres Entstehens, später können wir oft einen tiefen Schmerz verspüren, daß sie uns gleichgiltig lassen, wo sie uns früher entzückten. Eine stillste Stunde ist nun jenes zwischen Zwölf und Eins unserer Seele, wo sie ihren Gräbern entsteigen und jedes uns ein verlorenes Stück Selbst bringt. Wir bekommen ein anderes Empfinden von uns selbst und werden still, weil wir die Nothwendigkeit kennen mit der sie uns Schlag Eins verlassen.«

Tagebücher I (Heft 3), S. 51.

1. Produktionsprozess

Und etwa drei Jahre später, also um 1904/05, formuliert er:

»Tote und lebende Gedanken!
Der Gedanke ist nicht etwas das ein innerlich Geschehenes betrachtet sondern er ist dieses innerlich Geschehene selbst. Wir denken nicht über etwas nach, sondern etwas denkt sich in uns herauf.
Der Gedanke besteht nicht darin, daß wir etwas klar sehen, das sich in uns entwickelt hat, sondern daß sich eine innere Entwicklung bis in diesen hellen Bezirk hinein erstreckt. Darin ruht das Leben des Gedankens; er selbst ist zufällig ein Symbol, d. h. kann er so oft tot sein, nur wie er das Endglied einer inneren Entwicklung ist, begleitet ihn das Gefühl der Vollendung und Sicherheit.«

Tagebücher I (Heft 24), S. 117 f.

In der Literarisierung eigener Erfahrungen und Erlebnisse darf man den Verbindungspunkt zwischen den Wurzeln der inneren und äußeren Handlung im *Törleß* vermuten. Bekanntermaßen griff Musil auch zur Gestaltung der Geschichte der drei anderen Zöglinge auf seine eigenen Erfahrungen und Beobachtungen in den Internaten der Militärrealschulen von Eisenstadt (Burgenland, Österreich) und Mährisch-Weißkirchen (Hranice, Tschechien) zurück. Viele Namen, Daten und Äußerlichkeiten des »Stoffs, der gleichsam fertig dalag« (S. 35 und 68 f.) und der in entscheidenden Dingen – so Musil – anders gestaltet wurde, sind aber so wenig verändert, dass Orte und reale Personen deutlich zu identifizieren sind. Durch die Forschung KARL CORINOS ist erwiesen, dass Musil tatsächlich mit den Vorbildern zu Beineberg, Reiting und Basini die Schulbank in Weißkirchen drückte, mit den beiden ersteren sogar schon von Eisenstadt her bekannt war. Auch der junge Fürst H., »der aus einem der einflußreichsten, ältesten und konservativsten Adelsgeschlechter des Reiches stammte« (D.V.d.Z.T., S. 12 /

III. Zur Entstehungsgeschichte

GW II, S. 10) und mit dem der junge Törleß Freundschaft schließt, ist keine Erfindung Musils, wohl aber die Freundschaft, denn beide sind sich nie als Schüler begegnet. Corino schreibt:

»Wie es sich wirklich mit dem Prinzen H. verhielt, erfährt man bei Krebs in dem Passus über das Schuljahr 1891/92:
›Seine Majestät [Erzherzog Ferdinand IV. von Toskana] geruhten allergnädigst zu bewilligen, daß Seine kaiserliche Hoheit, der durchlauchtigste Erzherzog Heinrich von Toskana in die k. u. k.[14] Militär-Oberrealschule unter den gleichen Bestimmungen eintrete wie sie für seine erlauchten Brüder, die Erzherzoge Josef und Peter, seinerzeit festgesetzt worden waren‹.[15]
Über diese erlauchten Brüder ist zu lesen:
›Am 30. August [1886] traf seine k. u. k. Hoheit, Erzherzog Josef Ferdinand Salvator, Prinz von Toskana ... ein ... Nach gut abgelegter Prüfung wurde seine k. u. k. Hoheit in die Klasse Ic eingeteilt. Während der Wiederholungen und der freien Stunden verweilte Höchstderselbe unter Aufsicht des Erziehers – Hauptmann Schauenstein – in den Appartements des Offiziersgebäudes ... und [war] nur während der regelmäßigen Tour zum Klassendienste unter den Zöglingen ... Am 2. April 1887 traf seine k u. k. Hoheit, Erzherzog Peter Ferdinand Salvator, Prinz von Toskana, der jüngere Bruder des Erzherzogs Josef, hier ein und nahm im Offiziersgebäude das Absteigequartier ... Zweck dieses Besuches war die Besichtigung der Anstalt, in welche Seine k. u. k. Hoheit zu Beginn des nächsten Schuljahres als Zögling des 1. Jahrgangs eintreten sollte.‹

14 kaiserlichen und königlichen, Attribut der Österreich-Ungarischen Doppelmonarchie (1867–1918).
15 Gotthold Krebs, *Die k. u. k. Militär-Oberrealschule zu Mährisch-Weißkirchen. Ein Beitrag zur Geschichte des Militärbildungswesens während der letzten fünfzig Jahre*, Wien/Leipzig 1906, S. 130. Nach Corino (Törleß ignotus, S. 63) war Krebs einer der Deutschlehrer der Anstalt.

1. Produktionsprozess

Das Prinzip ist klar: der Hochadel läßt seine Söhne mit dem Volk erziehen, achtet aber dennoch darauf, daß gewisse Privilegien gewahrt werden: gesonderte Wohnung, eigener Erzieher etc. Ganz entsprechend ist es auch beim Jüngsten: ›Am 30. August 1891 traf Erzherzog Heinrich mit seinem Erzieher, Oberleutnant Baron Lippert, hier ein und bezog in der Anstalt dieselben Appartements, welche für seine erlauchten Brüder eingerichtet waren.‹ [...]
Festzuhalten ist, daß sich Erzherzog Heinrich und Musil in Weißkirchen vermutlich nie zu Gesicht bekommen haben, denn ersterer verließ die Schule einige Monate bevor letzterer kam. Wahrscheinlich lebte der illustre Kommilitone in den Erzählungen der Zöglinge munter weiter und lieferte so Stoff und Anregung für jene imaginäre Begegnung im Roman.«

> Karl Corino: Törleß ignotus. Zu den biographischen Hintergründen von Robert Musils Roman *Die Verwirrungen des Zöglings Törleß*. In: Robert Musil. 2., überarb. Aufl. München 1972. (Text + Kritik. 21/22.) S. 64. [Vom Autor für diese Ausg. überarb.] – Mit Genehmigung von Karl Corino, Bad Vilbel.

Über Božena und das »alte Badhaus« (D.V.d.Z.T., S. 36 / GW II, S. 27) schreibt Corino:

»Leider läßt sich Musils Verfahren im Falle Božena nicht (oder noch nicht) verfolgen. Die entsprechenden Evidenzbücher, die Auskunft über Namen und Herkunft dieser Prostituierten geben könnten, sind nicht mehr vorhanden. Nur ihr Domizil, das alte Badhaus, ließ sich finden: es liegt ganz so, wie Musil es beschreibt: ein Stück von Hranice entfernt, eigentlich schon zu Teplitz gehörend, im Wald, beim Fluß, an einer Brücke: ›am Rande einer Blöße, in deren Mitte ein quadratisches, zwei Stock hohes Gebäude massig aufgebaut‹ [D.V.d.Z.T., S. 36 / GW II, S. 27].«

> Ebd. S. 65.

III. Zur Entstehungsgeschichte

Corino hat auch die erhalten gebliebenen Klassenbücher[16] der beiden Militärrealschulen ausgewertet. Über die Vorbilder zu Reiting, Beineberg und Basini erfahren wir:

»In Mezzolombardo/Tirol, am 8. XI. 1878, wurde Jarto Reising von Reisinger geboren, Sohn eines Privatiers. Nach zwei Realschulklassen in Graz, zwei Klassen in Eisenstadt (der dritten und vierten) ist Reising auch in Weißkirchen 3 Jahre lang Schulkamerad Musils. Sein Vater stirbt angeblich frühzeitig, seine Mutter Maria lebt in Wien wie sein Vormund, Dr. Anton Pergelt. Reising war Allerhöchster Privat-Stiftling, das Kostgeld für ihn wurde vom ›Allerhöchsten Privat- und Familienhaus‹ bezahlt. Reitings Behauptungen, ›daß sein Vater eine merkwürdig unstete, später verschollene Person gewesen sei. Sein Name sollte überhaupt nur ein Inkognito für den eines sehr hohen Geschlechtes sein‹ [D.V.d.Z.T., S. 55 / GW II, S. 40], erscheinen demnach gar nicht so absurd.[17] [...]
Laut Klassenbuch ist er kräftig entwickelt, vor der Ausmusterung 1,79 m groß, hat eine skrofulöse[18] Anlage, die sich erst 1896/97 bessert. Seine Klassenplätze schwanken zwischen dem 7. und dem 22., er gilt als ernst, ehrliebend (was ein Euphemismus für ehrgeizig ist: dieses Attribut bekommt Musil!), strebsam, auch als empfindlich, zum Widerspruch geneigt, kameradschaftlich, anständig und nett. [...] Beineberg: Richard Freiherr von Boineburg-Lengsfeld, geboren am 20. X. 1878 als Sohn des Rittmeisters im Ulanenregiment Nr. 6, Moritz Freiherr von Boineburg. Richard von Boineburg sitzt zunächst 5 Volksschulklassen in Wien, dann 5 Jahre in Eisenstadt ab (1889–1894). Das

---

16 Die Klassenbücher sind im Staatsarchiv-Kriegsarchiv, Wien, archiviert.
17 In Wirklichkeit lebte der Vater, Victor Reisinger, von seiner Familie getrennt in Hall (Tirol) und starb dort am 6. März 1906, kurz vor Erscheinen von Musils Roman. [Anm. Karl Corino.]
18 Anlage zu tuberkulöser Haut- und Lymphknotenerkrankung bei Kindern.

kommt daher, daß er den dritten Jahrgang wiederholen muß. Seine Leistungen sind sehr unterschiedlich, das eine Mal ist er Primus, ein anderes Mal kommt er mit knapper Not am Repetieren vorbei; so ist er etwa im ersten Halbjahr 1895/96 nur der 40. unter 44, was bei dem sicherlich begabten jungen Mann zweifellos auf starke ›außerschulische Interessen‹ schließen läßt. Verdächtig ist auch, daß er im Jahr 1895/96 chronisch heiser ist – auf dem Dachboden scheint es doch recht kalt und zugig gewesen zu sein. Schon Karl Dinklage hatte anhand der Musilschen Zeugnisse, die sich damals auffällig verschlechterten, dafür optiert, daß sich um diese Zeit die ›wahre Geschichte des Zöglings Törleß‹ abspielte.[19]

Laut Signalement war Beineberg ein brünetter Typ, hatte anfangs ein rundes Gesicht und Kinn, Mund und Nase waren proportioniert, später ist das Gesicht länglich, das Kinn breit. Zuletzt mißt er 1,79 m und wiegt 60 kg. An der rechten Hand prangt ein Schmiß, die linke Seite des Unterkiefers ziert eine bewegliche Hautnarbe. [...] Die Beschaffenheit des Geistes und Gemütes ist bei Boineburg so: 1890/91 bescheinigt man ihm, er habe eine rasche, aber flüchtige Auffassung, gutes Gedächtnis, sei heiter, lebhaft, reizbar, artig, im Jahr darauf hat er plötzlich eine gründliche Auffassungsgabe, ist etwas empfindlich, sehr strebsam, artig und nett; wieder ein Jahr später erscheint er als ernst, etwas empfindlich, sehr ehrliebend, artig und rein. Schließlich stellt man fest, er habe eine rasche Auffassung, sei heiter, ehrliebend, sehr artig, ein guter Kamerad. Man lese und staune. Entweder handelt es sich hier um eine einzige Liste von Verlegenheiten, oder dieser Boineburg ist schon ein kleiner Mann ohne Eigenschaften.

Schließlich Basini. Er ist die schillerndste Figur, wahrscheinlich deswegen, weil er synthetisch, d. h. aus Zügen

---

19 Karl Dinklage, »Musils Herkunft und Lebensgeschichte«, in: LWW, S. 208 f.

Fechtsaal der k. u. k. Militär-Oberrealschule in
Mährisch-Weißkirchen

verschiedener realer Personen zusammengesetzt ist. Da ist, quasi als ›Namengeber‹ Franz Fabini, Sohn eines leichtlebigen, frühverstorbenen Kaufmanns, geboren am 18. August 1880 in Hermannstadt (Siebenbürgen). Er hatte zwei Klassen Volksschule und zwei Klassen Realschule in seiner Geburtsstadt und zwei Klassen Militär-Unterrealschule in Eisenstadt absolviert, ehe er nach Mährisch-Weißkirchen kam. Aufgrund seiner Bedürftigkeit und zunächst befriedigender Leistungen bekam er einen Preißschen Stiftungsplatz und vier Gulden Monatszulage. Im Winterhalbjahr 1894/95 hielt er als 25. unter 44 Mitschülern noch einen Mittelplatz, im Frühling und Sommer 1895 stürzte er auf Platz 46 von 48 ab und mußte sich einer Nachprüfung unterziehen; im Februar 1896 war er gar 48. von 48 Schülern, was darauf deutet, daß sich in seinem Leben trotz angeb-

1. Produktionsprozess

lich entsprechender Fähigkeiten und ziemlich guter Auffassungsgabe Dramatisches ereignet haben muß. Am 8. 12. 1895 wurde er laut Klassenbuch wegen ungenügender Fortschritte ›in Folge von Unfleiß bis zum Februar-Abschlusse verwarnt‹. Er blieb aber ›consequent unfleißig‹ und gab auch in seiner Aufführung ›zu ernsten Klagen Anlaß‹, so daß man ihn am 10. April 1896 ›ausnahmsweise‹ und gnadenhalber in die Infanterie-Cadettenschule Hermannstadt transferiert. Mit Prädikaten wie ›nicht ganz aufrichtig und wahrheitsliebend‹ sagt ihm die Schule im Grunde nach, er sei ein verlogenes Subjekt. Er war brünett mit braunen Augen, das Kinn oval. Ein Foto, das ihn mit Mutter und Schwester porträtiert, zeigt einen hübschen, ein wenig femininen Jungen mit sinnlichem Mund und großen, etwas schwülen Augen. Diese Qualitäten machen ihn zum attraktiven päderastischen[20] Sexualobjekt, ein Dieb war Fabini nicht. Anders ein gewisser Hugo Hoinkes. Als Zögling des II. Jahrgangs (Klasse c) beging Hoinkes am 13. 2. 1896 einen Diebstahl, indem er ›ein Paket Cigaretten-Tabak im Werte von 17 kr. und einen Silbergulden aus der Spiel- respektive Schulbanklade anderer Zöglinge heimlich entwendete‹. Hoinkes war geständig und wurde daraufhin über Antrag des Klassenvorstandes an die Lehrerkonferenz dem Reichskriegsministerium zur Entfernung aus der Militärerziehung vorgeschlagen. Dem Antrag des Anstaltskommandos wurde am 20. 2. 1896 stattgegeben. Hoinkes, am 25. 2. 1879 in Klagenfurt geboren, Halbwaise mit einem ›ganzfreien Ärarialplatz‹, wird in den Klassenbüchern als schlechter Schüler geführt (45. unter 50, 48. unter 49). 1894/95 hat man ihn mehrmals wegen ›mangelhafter Conduite‹ bestraft und verwarnt, zuletzt am 27. 11. 1895 mit einer Besserungsfrist bis Ende Februar 1896: eine Negativ-Figur also auch für die Lehrer. Musil konstruiert aus seinem Vergehen das Motiv für Basinis se-

---

20 Päderastie: Knabenliebe.

xuelle Unterjochung – Freiheit der dichterischen Psychologie.«

Ebd. S. 67f. [Vom Autor für diese Ausg. überarb.]

Die Nachforschungen Corinos erstrecken sich auch auf die Zeit nach Verlassen der Militärrealschulen, in der sich die Wege der Schüler trennen: Musil besucht die Technische Militärakademie Wien, um nach wenigen Monaten die Militärlaufbahn ganz abzubrechen.

»Die Spuren Franz Fabinis verlieren sich nach seiner Transferierung in die Kadetten-Anstalt Hermannstadt. Er soll das schwarze Schaf der Familie gewesen und später verschollen sein.
Reising ging nach Wiener Neustadt und stirbt als Zögling des 2. Jahrgangs der Akademie plötzlich auf einem Urlaub in Neumarkt, Steiermark. [...] Das zuständige Pfarramt teilte mit: ›Obgenannter Jarto Reising ist am 13. 7. 1899 in Neumarkt Nr. 137 an Lungentuberkulose und Herzlähmung gestorben.‹
Die seinem Bild im Roman entsprechendste Laufbahn hat Boineburg. Er wurde auf seine freiwillige Meldung hin als Seeaspirant für die k. u. k. Kriegsmarine assentiert, wo er schnell Karriere machte. Schon im Dezember 1898 erhält er die erste Auszeichnung, die Jubiläums-Erinnerungsmedaille, im Februar 1899 wird er zum Seekadetten 2. Klasse ernannt. 1899 läuft er nach Ostasien aus, in jene Weltgegend, die es ihm offenbar schon als Jungen angetan hatte. Vom 3. VI. bis 3. IX. 1900 ist er beim Detachementskommando in Peking eingeteilt, wird während des Boxeraufstandes am 28. VI. durch Kopfschuß schwer verwundet und am 12. X. 1900 zufolge Allerhöchster Entschließung für tapferes Benehmen während der Verteidigung der Gesandtschaften mit der goldenen Tapferkeitsmedaille ausgezeichnet. 1901 folgen die Kriegsmedaille und das Ritterkreuz des Ordens der

1. Produktionsprozess

Schlafsaal der k. u. k. Militär-Oberrealschule in
Mährisch-Weißkirchen

Ehrenlegion, 1902 das Ritterkreuz des königlich belgischen Leopoldsordens, 1903 der kaiserlich japanische Orden der aufgehenden Sonne 6. Klasse. Nebenher gehen die Ernennung zum Seekadetten 1. Klasse (1901) und zum Linienschiffsfähnrich (1903). Am 1. VI. 1905 stirbt der Oberleutnant in der k. k. Ersten Arcièrenleibgarde, Richard Wilhelm Maria Freiherr von Boineburg-Lengsfeld, in Wien, an den Folgen seiner schweren Verwundung.«

Ebd. S. 68. [Vom Autor für diese Ausg. überarb.]

Aus den Nachforschungen Corinos ergibt sich, dass von Reisinger und von Boineburg bereits vor Erscheinen des *Törleß*-Romans verstorben waren. Dass dieser Umstand für Musils Stoffwahl und Darstellung bedeutungsvoll gewesen sein könnte, muss aber bezweifelt werden. Sämtliche Selbstzeugnisse (vgl. Kap. IV) sowie die Stilisierungen im Roman sprechen gegen ein Interesse an einer realistischen oder entlarvenden Darstellung der Geschichte der vier Zöglinge oder gar der Militärerziehung in den beiden Realschulen. Der Sechzehnjährige sei eine List, parierte Musil diesbezügliche Literatenkritik (vgl. Kap. V, S. 101), gestand aber 20 Jahre später aus der Perspektive des Lesers auch dem »nebenbei« Entstandenen einen objektiven Realitätsbezug zu: »Ich weiß heute, daß ich damals wirklich etwas beschrieben habe, das sich im Laufe der Zeit als typisch herausstellte« (GW II, S. 947). Dieses geistig Typische lässt sich jedoch nicht unmittelbar auf die »wahre« Geschichte des Zöglings Musil beziehen. Eine realistische Geschichte der k. u. k. Militär-Erziehungs- und Bildungsanstalt zu schreiben, wäre Musil noch nach mehr als 30 Jahren nach dem *Törleß* als »seltsam« erschienen. Wie sie ausgesehen hätte, wäre sie geschrieben worden, bzw. was Musil als Zögling wirklich erlebt hat, kann man anhand seiner autobiographischen Notizen im Tagebuch nach 1937 vermuten:

»Die Schilderung einer ›k. u. k. Militär-Erziehungs- und Bildungsanstalt‹ [...] wäre seltsam genug, auch abgesehen von der Wichtigkeit des Zöglings für die spätere Politik.
Die Umformung im Törleß.
Die Wahrheit. – Gehört sie zur Franzisco-Josephinischen Ära[21] oder ist der Ursprung älter? Es war noch etwas daran wie der Grundsatz, der Offizier solle aus der Mannschaft hervorgehn. 48? Grenzergeist? Gleiche Grundidee wie die alte Kadettenschule?[22] Ich müßte nachlesen. Sagen wir, spartanisch. [...]
Die Erziehung war, mit Ausnahme der Akademie, fast ganz

21 Regierungszeit Franz Josephs I. (1848–1916).
22 »Die Militärrealschulen waren das Ergebnis der ebenfalls 1848 begonnenen Reformen im Militärbildungswesen. Fünfundzwanzig Jahre dauerte dessen Umgestaltungsprozeß.« (Mulot, Der junge Musil, S. 21.)

1. Produktionsprozess

Waschsaal der k. u. k. Militär-Oberrealschule in
Mährisch-Weißkirchen

unteroffiziersmäßig. Die Lehrgehilfen u. der Klassenfeldwebel (u. meine Opposition gegen ihn). Die Monturen u. das Schuhwerk. Die bloß nicht passende Paradeuniform u. die aller Beschreibung spottenden Schulmonturen. Ärger als Sträflinge.«

Tagebücher I (Heft 33), S. 936.

»MW-Hranice[23] (Das A-loch des Teufels.) [...] Kavalleriekadetten u. Militäroberrealschüler. Die wahre Geschichte des Törleß. Der alte UO-geist[24] der Militärerziehung. Unterschied in der Akademie u. plötzlich-schwerer Abschied.«

Ebd. S. 953.

23 Mährisch-Weißkirchen.
24 Unteroffiziersgeist.

»Die wahre Geschichte des Z. Törl. – Hranice. Es wäre außerdem eine Schilderung der Franzisco-Josephinischen Ära. (Fußlappen alte Stiefel) eine Geschichte der Roheit, eine Vorgeschichte des Typs Pilsudski[25], Kemal Pascha[26] usw. mut. mut.[27] – Jedenfalls eine Geschichte der letzten Zeit vor der großen Revolution. (Ein Zeitgenosse A Hs.[28])«

Ebd. S. 955.

2. Die Korrektur

Zwar hatte Musil für sein im Frühjahr 1905 abgeschlossenes Romanmanuskript nach einigen vergeblichen Bemühungen im September einen interessierten Verleger gefunden, doch fiel eine endgültige und vertraglich besiegelte Entscheidung erst im Dezember. In der Zwischenzeit, wir wissen nicht genau, wann, bat Musil den damals bereits berühmten Berliner Kritiker Alfred Kerr (1867–1948) um sein Urteil. In seinen Notizen im späten Tagebuch erinnert er sich:

»Als ich fertig war, wurde mir das Manuskript von mehreren Verlagen mit Dank zurückgestellt und abgelehnt. Darunter von Diederichs-Jena, auch erinnere ich mich an Bruns in Minden u. Schuster u. Löffler in Berlin. Es waren Verlage, vornehmlich die beiden ersten, die ich mir mit geisteskindlichen Gefühlen ausgesucht hatte, und wie bei Kindern war die Sympathie auch nicht auf guten Kenntnissen aufgebaut. Es bestürzte mich etwas, daß alle drei, und alle drei auch in gleicher Kürze, nachgeprüft und abgelehnt hatten.

---

25 Józef Pilsudski (1867–1935), polnischer Politiker und Militär, Mitbegründer der Polnischen Sozialistischen Partei, 1918–22 Staatspräsident, besiegte 1920 die Rote Armee, ab 1926 Militärdiktator.
26 Mustafa Kemal Pascha (um 1880–1938), als Kemal Atatürk (›Vater der Türkei‹) bekannter Politiker und Schöpfer einer westlich orientierten ›modernen‹ Türkei.
27 mutatis mutandis: (lat.) mit den nötigen Abänderungen.
28 Adolf Hitlers.

2. Die Korrektur

Ich wollte damals sowohl Dichter werden als auch die Habilitation für Philosophie erreichen[29] und war unsicher in der Beurteilung meiner Begabung. So bin ich zu dem Entschluß gekommen, eine Autorität um ihr Urteil zu bitten. Meine Wahl fiel auf Alfred Kerr, und daran war immerhin etwas Merkwürdiges. Vielleicht hatte ich einige seiner Kritiken gelesen, die damals im Berliner ›Tag‹ erschienen, und hatte hinter seiner Schreibart, die mir als Süddeutschem besonders maniriert vorkam und mich, gleich einem fremden Fasching, anzog und ausschloß, das gut Begründete der Sprache und der Urteile gespürt; ich glaube aber die wirkliche Ursache lag in meiner Kenntnis seines Büchleins über die Duse[30] [...], und nicht einmal darin lag sie, sondern ich erinnere mich, daß bloß eine kleine Gruppe von zwei bis vier Sätzen mein ›Zugehörigkeitsgefühl‹ geweckt hatte.«

Tagebücher I (Heft 33), S. 912 f.

Kerr kam Musils Bitte nicht nur mit der Besprechung des Buches im Berliner *Tag* vom 21. Dezember 1906 (vgl. Kap. V, S. 81–89) nach, sondern reagierte offenbar umgehend mit Ermutigung für den noch unsicheren Autor sowie mit Änderungsvorschlägen. Diese, wie auch das *Törleß*-Manuskript, sind nicht erhalten. Die Korrespondenz Musils mit dem Wiener Verlag[31] enthält jedoch einige Hinweise auf noch einzufügende Korrekturen und erlaubt erste Schlüsse auf deren Ausmaß. Im Brief vom 24. Oktober 1905 ist Kerrs Einfluss erstmals erwähnt, der Verlag ist zu diesem Zeitpunkt aber bereits seit knapp sechs Wochen im Besitz des Manuskripts:

»Da ich neue Arbeiten vorhabe, werden Sie es verzeihlich finden, wenn ich auf eine Entscheidung über die in Ihren

---

29 Vgl. S. 69.
30 Eleonora Duse (1859–1924), berühmte Schauspielerin; Musil meint wohl Kerrs Buch *Schauspielkunst*, das »Der Venezianerin Duse« gewidmet war (Frisé, in: Tagebücher II, S. 682).
31 Originale in der Wiener Stadtbibliothek.

Händen befindliche dränge. Denn einerseits fühle ich mich durch die Unsicherheit aufgehalten, andrerseits – falls Sie ablehnen sollten – liegt mir daran, daß diese – in ihrer Entstehung ohnedies ziemlich zurückdatirende – Erzählung nicht so spät herauskommt, daß ich längst außer Zusammenhang mit ihr stehe. Ich muß Sie also bitten, mir sobald als möglich Bescheid zu sagen oder doch einen bestimmten Zeitpunkt für diesen anzugeben.
Einige kleine Änderungen, auf die mich Herr Dr. Kerr aufmerksam machte, möchte ich gegebenenfalls noch vor Drucklegung besorgen.«

Briefe I, S. 15f.

Musil erhält daraufhin das Manuskript noch einmal zurück, aber erst im Dezember, zusammen mit dem Verlagsvertrag. Er kündigt eine umgehende Rücksendung des Manuskripts an; umfangreichere Änderungen wären in so kurzer Zeit kaum möglich gewesen.
Worin bestand nun Kerrs Einflussnahme auf das *Törleß*-Manuskript? Eine Erinnerung an seine Hilfe für den jungen Autor findet sich ausgerechnet in Kerrs Nachruf auf Musil[32], vorgetragen vor der deutschen PEN-Gruppe in London 1942: »Musil und ich, wir haben jede Zeile dieses Buches, im Mscpt, nicht nur zusammen durchgegangen – sondern zusammen durchgearbeitet« (zit. nach: Karl Corino, Robert Musil und Alfred Kerr, in: Studien, S. 276).
Angesichts des Unterschieds zwischen Kerrs Wortschöpfungen und der präzisen Bildersprache des Romans bleiben hier doch Zweifel, dass Musil konkrete Beispiele von Kerr übernommen haben könnte. Musil erinnert sich um 1938 an »Kerrs vorsichtige Ausstellungen bei der Korrektur des Törleß« (Tagebücher I, Heft 33, S. 923), ordnet diese aber in die drei wesentlichen Stationen seiner Sprachentwicklung ein. Die

---

32 Musil starb am 15. April 1942 in Genf; Typoskript zum Vortrag, Kerr-Archiv Berlin.

2. Die Korrektur

»vorsichtigen Ausstellungen« übten offenbar eine ungeheure spracherzieherische Wirkung auf Musil aus, wie auch Kerrs Rezension die wesentliche Lebensentscheidung Musils beeinflusst hat, Schriftsteller zu werden, statt die eingeschlagene wissenschaftliche Laufbahn weiterzuführen (vgl. Kap. V).
Wenn auch hieran die Wirkung Kerrs auf Musil nachweisbar ist, so gibt es doch keine Belege am Text für eine konkrete Einflussnahme. Karl Corinos Vermutung, ein »Exempel für die Art der Änderungen, die von Kerr vorgeschlagen wurden, findet sich möglicherweise in der Tagebucheintragung Musils vom 14. IV. 1905« (Robert Musil und Alfred Kerr, ebd., S. 239) lässt sich anhand der Tagebücher-Edition nicht bestätigen. Die Tagebucheintragung steht im Zusammenhang mit den zeitgleich zur Verlagssuche und Manuskript-Korrektur stattfindenden Bemühungen Musils um einen angemessenen Erzählstil für die Gestaltung neuer Projekte.
Der einzige erhalten gebliebene Brief ALFRED KERRS an Musil aus dieser Zeit zeigt den Kritiker als einen Menschen unter Termindruck, dennoch signalisiert er Bereitschaft, dem hierin noch unerfahrenen jungen Autor auch bei der Satzkorrektur behilflich zu sein.

»Lieber Herr Musil,
ich bedaure sehr, daß Sie mich verfehlt haben. Ich bin jetzt so vielfältig in Anspruch genommen, daß von regelmäßigem Zuhausesein noch weniger die Rede ist; ich kann also nichts allgemeines bestimen, bitte Sie aber diesen Mittwoch um 3 Uhr, wenn Sie Zeit haben, mich aufzusuchen oder (wenn Sie vorher Korr.-Bogen bekommen) sie mir durch die Rohrpost zu schicken. Die Rücksendung ist nicht so eilig, wie es die Druckereien gewöhnlich hinstellen. Ich würde gern Ihr Buch vor dem Druck durchsehn und Sie, wenn auch in Hast und Zerstreutheit, sprechen.
Herzlich grüßend
Ihr

5. Febr 06.   Kerr«

Briefe I, S. 18.

III. Zur Entstehungsgeschichte

Viel Zeit dürfte für die Satzkorrektur nicht geblieben sein, denn der Verlag hatte es nach Abschluss des Vertrags sehr eilig mit dem Druck und mahnte die Satzkorrekturen bereits im Februar an. Musil antwortet darauf am 21. Februar 1906:

»Euer Wohlgeboren. Erlaube ich Ihnen höfl. mitzuteilen, daß ich bisher die Hälfte des Manuskripts korrigirt an die Druckerei rückgesandt habe u. zw. bereits vor Erhalt Ihrer Karte.
Die Ihnen gewordene Mitteilung von ›wochenlangem‹ Liegenlassen erscheint mir daher ein wenig ungeheuerlich.
Auch befinden sich keine ungedruckten Teile des Manuskriptes in meinen Händen sondern nur die den Bürstenabzügen entsprechenden.«

Ebd. S. 18 f.

Ende April erwartet Musil offenbar das Erscheinen des Buches für die nächsten Wochen:

»Ich möchte Sie bitten, mir möglichst bald nach Erscheinen der ›Verwirrungen‹ ein Exemplar für Dr. K. zugehen zu lassen. Eventuell – wenn es geht – noch vor der öffentlichen Ausgabe, damit ich Zeit habe, es binden zu lassen.«

Ebd. S. 19.

Druck, Bindung und Auslieferung dauerten dann aber noch bis Ende Oktober an. Am 21. Dezember 1906 erschien Kerrs folgenschwere Besprechung in der Berliner Zeitschrift *Der Tag* (vgl. Kap. V, S. 81–89).

Einband der Erstausgabe von 1906

IV. Selbstzeugnisse:
Robert Musil als Autor und Leser

Wie zu den Werken, um die Musil während ihrer Niederschrift gerungen hat (z. B. *Vereinigungen*, *Die Schwärmer*, *Der Mann ohne Eigenschaften*), äußert er sich auch zu seinem Jugendroman in zahlreichen Briefen, Tagebuchnotizen, literarischen Richtigstellungen und Erklärungen, obgleich die Niederschrift des Romans – so Musil selbst – nebenbei und völlig unproblematisch verlaufen sein soll. Die rückblickend erfolgenden Äußerungen zum *Törleß*-Roman werden im Wesentlichen aus zwei anderen Quellen gespeist als die Selbstzeugnisse zu den erwähnten Werken: zum einen aus der theoretischen Auseinandersetzung mit konventionellen Erzählweisen und -haltungen, wobei ihm der Erzählstil des Jugendromans im Laufe der Zeit zum Paradigma wird, zum anderen von der zeitgenössischen Rezeption, die, abgesehen von wenigen Ausnahmen, unter Etiketten (Bekenntnisbuch, Schulroman, psychologische Pubertätsstudie) geschah, die Musil für Missverständnisse hielt. Die Äußerungen erstrecken sich über einen Zeitraum von knapp 40 Jahren und erhellen nicht nur das Werk selbst, sondern dokumentieren auch eine Veränderung bzw. Erweiterung des Werkverständnisses seitens des Autors.

1. Zur Erzähltechnik

Der Widerspruch zwischen der Unsicherheit der Einschätzung und der Sicherheit der Gestaltung manifestiert sich dort am deutlichsten, wo der Autor, auch noch 35 Jahre später, einen Ansatzpunkt der konventionellen Kritik eines ›schöngeistig‹ gebildeten Publikums vermuten darf: in der

1. Zur Erzähltechnik

Sprache. Ein Brief vom 14. Oktober 1940 an Carl Jacob Burckhardt[1] zeigt das sehr deutlich:

»Sehr geehrter Herr Burckhardt!
Ich habe meine Frage, ob ich Ihnen den ›Törleß‹ senden darf, nicht einen Augenblick vergessen, aber es hat sich ein unerwartetes Hindernis herausgestellt: ich besitze ihn nicht. Von allen neueren Ausgaben und Auflagen ist mir nur ein einziges Exemplar übrig geblieben, das Handexemplar, das ich nicht entbehren kann, weil ich es nicht zu ersetzen wüßte. Was mit der letzten geschehen ist, die man mir in Wien weggenommen hat, weiß ich nicht, und der kleine Vorrat, der in der Schweiz war, ist ausverkauft worden.
Aber ich habe zu meiner Überraschung, unter einigen Büchern suchend, die sich Freunde in Wien ängstlich angeeignet und mir dann kunterbunt nachgesandt haben, drei Exemplare der ersten Auflage entdeckt! Sie sind broschiert und in keinem überaus guten Zustand, und sie enthalten noch vollzählig alle Sprachsünden, von denen ich für eine spätere Ausgabe die ärgsten gemildert habe, ohne sie entfernen zu können, weil die Sünde eben doch Fleisch ist.
Bei der Nachsicht, deren die Lektüre im ganzen bedarf, wird es Ihnen nicht viel ausmachen. Und mir ist es nun außerdem eine vertraulichere Freude, Ihnen solch ein altes, vom Markt verschwundenes Exemplar senden zu können!
Ich bitte der gnädigen Frau unsere Empfehlungen zu entrichten
und bleibe in herzlich aufrichtiger Ergebenheit Ihr
Robert Musil.«

Briefe I, S. 1236.

---

[1] 1891–1974, schweizerischer Politiker und Historiker, 1937–39 Hoher Kommissar des Völkerbunds in Danzig, später Präsident des Internationalen Roten Kreuzes und nach dem Krieg Gesandter in Paris.

IV. Selbstzeugnisse

Im Zuge der Auseinandersetzung mit Grillparzers *Selbstbiographie*[2] notiert Musil am 8. April 1905 in sein Tagebuch: »Das ist vornehmer Chronistenstil; so sollte mein Roman geschrieben sein!« (Tagebücher I, Heft 11, S. 141.)
Bei den Bemühungen um einen angemessenen Erzählstil, auch im Hinblick auf die Gestaltung noch unfertiger Stoffe, wird Musil die Sprache des Romans wieder zum Arbeitsmaterial. Vermutlich unter Einfluss von Eugen Schicks Skizzenbuch[3] vermerkt er am 14. April 1905 in seinem Tagebuch:

»Nochmals: Beobachten ist eine Kunst. Und Schreiben ist eine Kunst. Man muß sich Mühe geben, es lernen.
In dem gräßlichen Stil der ›Verwirrungen‹ hatte ich beispielsweise geschrieben: Er dachte daran, daß er eigentlich keine Ursache habe, sich in solche Abhängigkeit von diesem Mädchen zu begeben. Daran ferner, wie abstrakt und mager dadurch sein Leben geworden sei. Ja endlich, daß usw.
Dagegen: ›Dieses Mädchen!‹ dachte er. ›Lieb? Gut? Schön? Ja. Aber wie sehr bin ich eingewickelt in all diese Liebe, Güte und Schönheit! Wie in Baumwollfäden! Ist jenseits dieses warmen Knäuels nicht alles mager, abstrakt, farblos geworden?! Traue ich mich überhaupt noch aus diesem süßen Nest heraus?‹«

Tagebücher I (Heft 11), S. 143.

Sechs Tage später und unter dem Einfluss anderer Lektüren hält er zu diesem »recht unglücklichen Musterbeispiel« wiederum Bedenken fest:

»Nichts wirkt nämlich hölzerner als wenn man seinen Personen lange Tiraden in den Mund legt; sie zu Phonogra-

---

2 Franz Grillparzer, »Selbstbiographie«, in: *Grillparzers sämtliche Werke in 20 Bänden*, hrsg. von August Sauer, Bd. 19, Stuttgart 1893, S. 9–168.
3 Eugen Schick, *Aus stillen Gassen und von kleinen Leuten. Skizzen*, Leipzig 1902; vgl. auch S. 34.

1. Zur Erzähltechnik

phen macht, in die vorher der Autor hineingesprochen hat. Ich möchte daher sagen: Es ist Norm, daß im Roman der Dichter nicht selbst das Wort ergreift. [Statthaft ist dies nur in gewissen Perioden der Umwälzung des Geschmackes, der Denkungsart usw. in Sturm u Drang Zeiten, wie sie die Geburt der Moderne begleiteten. Solche Romane sind ›inhaltlich‹ es fehlt ihnen die ›Kunst‹ [...]] Aber auch die Personen der Erzählung dürfen keine ›Romane‹ sprechen. Die ›Kunst‹ des Schreibens besteht darin, Situationen zu schaffen, die das zu Sagende den Personen gemäß machen, andrerseits das zu Sagende so auszuwählen, aus dem Fluß der Gedanken gewissermaßen die suggestiven Knotenpunkte auszuwählen – daß die Personen nicht ›viel‹ zu sagen haben.«

Ebd.

Zum Vorbild für eine angemessene stilistische Darstellung von inneren Vorgängen wird der Roman bereits für Musil im folgenden Eintrag vom 10. Mai 1905:

»Weiters mache ich folgende Notiz über Stil: Die Seele der Menschen soll durch deren Handlungen und Worte nur durchschimmern und nie deutlicher als im wirklichen Leben.
Man muß sich also gewisse Beschränkungen auferlegen, ebenso wie ein Maler nicht alles in sein Bild hineinzeichnen darf, was er sieht.
Für die Durchführung muß man natürlich die nötigen Griffe ›lernen‹. Ein solcher ist etwa Folgender: In den Verwirrungen sagt Törless freundlich zu Basini: Du wirst jetzt sagen, daß Du ein Schuft bist. Viel später erzählt ihm Basini, daß Beineberg die gewissen Erniedrigungen von ihm nicht herrisch sondern ›freundlich‹ verlange. An dieser Stelle streift man den Gedanken, daß Bbg von T. beeinflußt würde, was bei dem zwischen ihnen herrschenden Verhältnis sehr merkwürdig wäre. Man hat gewissermaßen das Ge-

fühl: in der Zwischenzeit geschieht auch etwas. Die Personen sind nicht nur das, was von ihnen gesagt wird, sondern sie leben auch dort wo sie nicht erscheinen, selbständig, sie kommen und gehen, und stets etwas verändert. Man würde sich um die Wirkung bringen, wenn man etwa eigens auf die Beeinflußung hinweisen würde.«

Ebd. S. 149.

Fünf Jahre später, während der quälend langwierigen Niederschrift der Erzählungen *Vereinigungen* und auch anlässlich der erneuten Durchsicht des Romans für eine Neuauflage im Jahre 1911 (vgl. Kap. II, S. 24), wird der *Törleß*-Roman hinsichtlich der Erzähltechnik zu einer Art Fixpunkt, auf den sich Musil in seinen Tagebuch-Notizen immer wieder vergleichend bezieht:

»5. September 1910.
Kerrs Rezension über Törleß[4] wieder gelesen, gab mir einen Stoß. Es heißt: ›Musils Erzählung ist ohne Weichlichkeit. Es steckt darin keine, sozusagen, Lyrik. Er ist ein Mensch, der in Tatsachen sieht, – nur aus ihrer Sachgestaltung erwächst ihm dasjenige Maß von 'Lyrik', das in den Dingen etwa steckt ... Frei von Empfindsamkeit. Tatsachendarstellung. Nicht 'gemalt' ist die Stimmung sondern das Dargestellte wirft sie ab.‹
Es darf in Claudine[5] nicht heißen: irgendwo begann eine Uhr mit sich selbst von der Zeit zu sprechen, Schritte gingen usw. – Das ist Lyrik. Es muß heißen: eine Uhr schlug, Claudine empfand es als begänne irgendwo ... Schritte gingen usw. – Im ersten Fall sagt der Autor durch die Gewähltheit des Gleichnisses selbst: wie schön, er betont, das soll schön sein udgl. Maxime: Der Autor zeige sich nur in den ministeriellen Bekleidungsstücken seiner Personen. Er

---

4 Vgl. Kap. V, S. 81–89.
5 *Die Vollendung der Liebe*, hier nach der Hauptfigur benannt.

wälze immer die Verantwortung auf sie ab. Das ist nicht nur klüger sondern merkwürdigerweise entsteht dadurch auch das Epische.«

Tagebücher I (Heft 5), S. 226.

»10. September.
Maxime aus Törless: Wenn man etwas erzählt, immer eine Szene erzählen, die das illustriert.«

Ebd. S. 227.

»16. Jänner [1911].
Heute beim Wiederkorrigieren des Törless fiel mir auf, daß dort die richtige Einstellung ist. zb. Erzählung des Verhältnisses Törless zum Prinzen[6] – aus solchen Dingen baut man nicht eine Erzählung auf, sondern man greift nach ihnen gelegentlich, ohne hinzusehen, wie in einen vollen Sack.

17. Jänner.
Ich glaube wirklich, damals war der Sack voll, ich nahm alles, was mir zur Hand kam u legte auf nichts Einzelnes Wert. Danach war der Sack leer u. die Novellen sind z. T. noch aus dem gleichen Reservoir heraus geschrieben wie der Törless. Und zugleich suchte ich dieses Reservoir nachzufüllen u. suchte deshalb die Einzelheiten wie Selbstzwecke. Und es fehlt den Novellen etwas, das vielleicht der Törless hat, das Wortkarg-Sichere, das ohne viel Worte über viel Verfügen. Die Haltung.
Zu Kerr, Musils Erzählung ist ohne Weichlichkeit usw. vgl. den Anfang des Törless. Es sind hier nur die Tatsachen gegeben, das Aussehen der Straße, des Stationsgebäudes, des Gesprächs usw. Es ist nicht gesagt, diese Dinge hatten die u. die Stimmung, aber sie haben sie. In mir war die Einstellung: rußige, erdrosselte Traurigkeit od. dgl. u. ich stellte mir jetzt Dinge so vor.

6 Vgl. D.V.d.Z.T., S. 12–14 / GW II, S. 10–12.

19.
Man kann auch sagen: Mit den Dingen arbeiten, über die man frei verfügt! Übrigens: im Törless habe ich meine Gedanken, wie ich sie so jetzt in den Zetteln notiere, zu Verbindungen, Erklärungen udgl. benutzt, in den Novellen suchte ich daraus das Erzählte selbst aufzubauen. Daher im Törless der Eindruck größeren Reichtums, weil er im Nebenbei liegt.
Im Törless wird das Unbegreifliche, Ahnungsvolle, nur ungefähr Vorstellbare, wo es auftritt überall begreiflich zu machen gesucht, genetisch, psychologisch. Das bestimmt die Haltung. zb. wäre dort nicht wie in Cl[audine]: Man geht täglich zwischen bestimmten Menschen usw. u sie gehen immer mit usw gesagt, sondern es wäre gesagt, warum man dieses Gefühl hat.«

Tagebücher I (Heft 5), S. 233 f.

»20 I 1911.
Im Törless ist das vereinheitlichende Moment der Wunsch, eine bestimmte, vorher ausgedachte Geschichte zu erzählen. Das ist das Rückgrat um das alles andere – meine Interpretation u Auffassung der Geschichte – gruppiert ist.
Das Gefühl von diesem Menschen Törless ist hier auch erst etwas Sekundäres.«

Ebd. S. 216.

Auch in der Rückschau des älteren und extrem selbstkritisch gewordenen Musil, der inzwischen den berühmten Roman *Der Mann ohne Eigenschaften* geschrieben hat, kann die Erzähltechnik seines Jugendromans bestehen. So hält er um 1937 neben einem selbstkritischen Absatz fest: »Beim Törleß habe ich noch gewußt, daß man auslassen können muß« (Tagebücher I, Heft 33, S. 913). In dem bereits in Kap. III, S. 34 f. zitierten *Vermächtnis II* heißt es:

»Und das geschah mir, nachdem ich bereits die Verwirrungen des Zögl. Törl. veröffentlicht hatte, ein Buch, das mich jetzt noch vor 2 Jahren, als ich die Druckbogen einer Neuausgabe[7] durchsehen mußte, durch die sichere und lebendige Art, in der es erzählt ist, mit Genugtuung erfüllt hat, obwohl ich kaum an mich halten konnte, die vielen unreifen Stellen darin nicht zu verbessern.«

GW II, S. 953.

2. Zu Verständnissen und Missverständnissen

Dass sein Roman angesichts der Literaturauffassung, die um die Jahrhundertwende herrschte, missverstanden werden könnte, hat Musil von vornherein einkalkuliert. »Was soll man tun, wenn man das gar nicht angestrebt hat, was man verfehlt zu haben scheint?«, fragt er sich bereits im Briefentwurf an Stefanie Tyrka vom 22. März 1905 (Briefe I, S. 13). Und in einem Entwurf für eine Verlagsanfrage, der auf demselben handschriftlichen Blatt anschließt, erklärt er: »Es handelt sich um einen Roman abweichender Art, der einer neuen Weise zu schreiben zustrebt« (Briefe I, S. 15).

Es ist nicht bekannt, ob sich der Wiener Verlag trotz oder wegen einer solchen Anfrage Musils interessierte oder ob die Verbindung durch Dritte vermittelt wurde. Drei namhafte Verlage hatten es, wie Musil sich nach 1937 erinnert, abgelehnt, den *Törleß*-Roman zu drucken. Den großen Erfolg, der das Buch dennoch seit seinem Erscheinen 1906 begleitete, sah Musil im Alter als nicht unwesentlich an Missverständnisse gebunden an. Diese aufzuklären, bemühte er sich sein Leben lang, nicht nur 1906/07, als er aus rechtlichen Gründen ein Interesse an einer Verschleierung der äußeren Umstände der Törleß-Geschichte hätte haben kön-

---

7 Gemeint ist die von ihm selbst überarbeitete Neuauflage von 1931.

nen. In einem »Vorwort IV, Vorbemerkungen« überschriebenen Entwurf[8] zieht er ein Resümee:

»Mein erster Erfolg ist mit meiner ersten Veröffentlichung ›D V. d. Z T‹ zusammengetroffen. Er hat sogar bis heute ausgedauert, aber in jenen Jahren galt der kleine Roman, den ich geschrieben hatte, dreifach: als das starke Wort einer neuen ›Generation‹, als ein Schlüsselwerk des Erziehungswesens, und als Gesellen-, wenn nicht Meisterstück [...] eines jungen Dichters, in den man die größten Erwartungen setzte. Ich bekam kritische Zustimmung u. eifrige Anfragen aus aller Welt.
Abgesehen von dem Gewinn der Freundschaft einiger bedeutender Kritiker, die größtenteils auch vorgehalten hat schien dieser Erfolg aus einer Reihe von Mißverständnissen zu bestehn. Man rühmte an mir die ›Psychologie‹ und den ›Realismus‹, u. viele glaubten ein ›Erlebnis-‹, wenn nicht gar ›Bekenntnisbuch‹ vor sich zu haben; namentlich Pädagogen wollten von mir ›Genaueres‹ erfahren, worin ich sie in meinen Antworten dann nach Kräften enttäuschte.
Die Wahrheit war, daß ich auf den vorgezeigten ›Stoff‹ selbst gar keinen Wert legte. Natürlich hatte ich Ähnliches mit eigenen Augen einmal gesehn, aber es bewegte mich persönlich so wenig, daß ich es zwei Jahre, bevor ich es selbst benutzte, einem anderen jungen Schriftsteller erzählte, dessen krasser Realismus mir für diesen Stoff viel geeigneter erschien, u. ihm fest versicherte, daß dies ein Stoff für ihn wäre, aber nicht für mich. [...] Soviel über das ›Erlebnis- u. Bekenntnisbuch‹. Warum ich dann (1902/1903) doch den Stoff selbst anpackte, weiß ich nicht mehr zu sagen; ich glaube es geschah in einer besonderen Lebenslage aus Langweile und auch, weil ich mich, nachdem ich für meine

---

[8] Wahrscheinlich eines der fallen gelassenen Vorworte zum *Nachlaß zu Lebzeiten* (1936), später weitergeschrieben zu *Theoretisches zu dem Leben eines Dichters*.

Gedankenpoesie[9] keinen Verleger gefunden hatte, etwas fester auf die Erde stellen wollte.
Länger haftete mir der Ruf des Psychologen an. Ich habe mich von Anfang an gegen ihn gewehrt (u. konnte es tun, weil ich wirklich Psychologie studiert hatte u. damals sogar auf ein Haar an einer Universität für sie habilitiert worden wäre[10]). Denn was an einer Dichtung für Psychologie gilt, ist etwas anderes als Psychologie, so wie eben Dichtung etwas anderes als Wissenschaft ist.«

GW II, S. 966 f.

Über die Einschätzung des Konflikts zwischen nicht oder nur nebenbei beabsichtigtem Wirklichkeitsbezug und objektivem Wirklichkeitsgehalt (vgl. dazu auch Kap. III) des *Törleß*-Romans gibt folgender autobiographischer Entwurf aus den 1930er Jahren Auskunft:

»Unter den Antrieben, die mich zur Arbeit führten, haben sich niemals, wenigstens mit meinem Bewußtsein niemals, die befunden, daß ich mich mit mir selbst auseinanderzusetzen wünschte, daß ich mich darstellen, oder prüfen, oder verteidigen, daß ich bekennen, beichten, bereuen oder mich begnadigen wollte. Trotzdem haben viele Leute mein erstes Buch für ein Bekenntnisbuch angesehn, u als D.V.d.Z.T. im Jahre [1906] erschienen, bekam ich Zuschriften von reformatorischen Pädagogen aus aller Welt, denn es begannen sich damals die neuen Auffassungen in der Behandlung der

---

9 *Paraphrasen*, Musils erster umfangreicher literarischer Versuch, ungedruckt, 1938 bei der Emigration in die Schweiz in Wien zurückgelassen und wahrscheinlich im Krieg vernichtet.
10 habilitieren: Lehrbefähigung an einer Universität erwerben; Musil sagte Anfang 1909 ein Angebot Alexius von Meinongs (Prof. für Experimentalpsychologie in Graz) ab, bei ihm Assistent zu werden und sich am Institut zu habilitieren (vgl. Uwe Baur / Dietmar Goltschnigg, »Musils Beziehungen zu Graz«, in: U. B. / D. G. [Hrsg.], *Vom »Törleß« zum »Mann ohne Eigenschaften«. Grazer Musil-Symposion 1972*, München/Salzburg 1973, S. 9–18).

Jugend durchzusetzen, die heute wieder von den veralteten älteren, die sich inzwischen ein wenig verändert haben, verdrängt werden. Weil mein Buch Geschehnisse in einem Jünglings- u. Knabeninternat erzählte, die haarsträubend sein mußten für einen, der sich die üblichen Vorstellungen von der Quellreinheit der Jugend macht, glaubten die schärfer blickenden Reformatoren der Erziehung in mir einen Bundesgenossen zu erblicken u. fragten mich in ihren Briefen nach Wie, Wo u wirklichen Einzelheiten. Ich war sehr erstaunt deshalb u. unfreundlich, ja ich fühlte mich beinahe beleidigt. Ich weiß heute, daß ich damals wirklich etwas beschrieben habe, das sich im Laufe der Zeit als typisch herausstellte; aber auch heute wissen allerhand Menschen noch nicht, daß mir das völlig nebensächlich sein mußte.«

GW II, S. 947.

Wenn Musil auch immer wieder betont hat, dass er seinen Stoffen gegenüber gleichgültig sei und Realität und Äußerlichkeiten für austauschbar und nebensächlich halte, so kann er doch nicht umhin, gerade der Handlung des *Törleß* ein – gemessen an seinem übrigen Werk – relativ großes Eigenleben zuzugestehen. Über die in Kap. IV,1 abgedruckten Textstellen hinaus, kann dies folgende Stelle aus *Vermächtnis II* verdeutlichen:

»Dieser RM, von dem ich jetzt spreche, als wäre ich nicht er selbst [...], dieser Schriftsteller ist von großer Gleichgültigkeit gegen seine Stoffe. Es gibt Schriftsteller, die von einem Stoff gepackt werden. Sie fühlen: mit diesem oder keinem; es ist wie die Liebe auf den ersten Blick. Das Verhältnis des RM. zu seinen Stoffen ist ein zögerndes. Er hat mehrere gleichzeitig u behält sie bei sich, nachdem die Stunden der ersten Liebe vorbei sind oder auch ohne daß sie dagewesen sind. Er tauscht Teile von ihnen willkürlich aus. Manche Teilthemen wandern u kommen in keinem

2. Zu Verständnissen und Missverständnissen

Buch zum Ausdruck. Er hält offenbar das Äußere mehr od. weniger für gleichgültig. Und was bedeutet das? Hier kommt man schon auf das Problem, in welchem Verhältnis Inneres u. Äußeres der Dichtung zu einander stehen. Es ist eine Binsenwahrheit, daß sie eine untrennbare Einheit bilden, aber wie sie das tun, ist weniger bekannt, ja es ist teilweise ganz unbekannt. Wir werden hier also sehr vorsichtig sein u. vor allem wahrscheinlich mehrere verschiedene Arten dieser Synthese unterscheiden müssen. Auf den ersten Blick sieht es, nach dem, was ich erzählt habe, aus, als ob diese Synthese bei mir besonders schwach wäre; und die Wahrheit ist das Gegenteil davon, soweit ich es beurteilen kann. Bediene ich mich des Biographischen, um in dieser grenzenlosen Frage einen Leitfaden zu haben, so muß ich sagen, daß es zu Anfang, d.h. als ich den Törl. schrieb, das Problem für mich überhaupt nicht gegeben hat, daß es sich aber danach ganz plötzlich u. mit stärkster Ausdrücklichkeit meiner bemächtigte. Ich erinnere mich noch an das Prinzip, von dem ich mich bei der Niederschrift des T. leiten ließ: Alles möglichst kurz sagen, keine Bilder gebrauchen, die nicht etwas zum Begriff beitragen, Gedanken – obwohl es mir sehr auf sie ankam – fortlassen, wenn sie sich nicht mühelos in den Gang der Handlung einfügen. Ein Prinzip der geraden Linie als der kürzesten Verbindung zwischen 2 Punkten. Obwohl ich also auf die Handlung keinen Wert legte, gab ich ihr instinktiv große Rechte. Ich unterwarf mich einer improvisierten – und wie der Erfolg zeigte, richtigen – Vorstellung von dem, was Erzählen sei u. begnügte mich, zu meiner Genugtuung gewisse Ideen ›einfließen‹ zu lassen.«

GW II, S. 955.

Es gibt keine die Niederschrift des *Törleß* begleitenden Werkkommentare in den Tagebüchern und Briefen Musils, sondern nur Rückblicke; sein dichterisches Hauptanliegen

– so wie er es kurz nach Fertigstellung des Romans reflektierte – erscheint aber in drei frühen Briefentwürfen von verschiedenen Seiten beleuchtet. Wieder von antizipierten bis zu realen Missverständnissen ausgehend, verdeutlicht Musil darin auch, was der *Törleß*-Roman *nicht* ist, macht aber schließlich transparent, dass auch das als »nebensächlich« Entstandene und Bewertete nicht nur in der Reflexion der Erzählweise des Romans, sondern auch in der des Ideenzusammenhangs an Bedeutung gewinnt. In dem bereits zitierten Entwurf eines Briefs an Stefanie Tyrka vom 22. März 1905 heißt es weiter:

»Er behandelt ein psychologisches Sujet: und genügt nicht einmal der einfachsten Psychologie. [...]
Überdies wird man Dinge finden, ›die doch gar nicht in einen Roman gehören.‹ Einen Exkurs über irrationale Zahlen[11] u. dgl. [...]
Die Zeichnung der Charaktere ist stilisiert, alles auf die kürzeste Linie zusammengefaßt, keine vollen Menschen dargestellt sondern jeweils nur deren Schwerlinie.
Das würde noch gut zum ›psychologischen Roman‹ stimmen. Gleich aber geht es um einen Schritt weiter. Es findet sich keine reale Psychologie, wenigstens ist sie ganz ohne Interesse, willkürlich, dilettantisch behandelt. Es finden sich höchstens psychologische Elemente und diese werden nach Gutdünken kombiniert. Die psychologischen Schwerlinien gehören mehr oder minder konstruierten Figuren an. Nur[12] kam mir der Gedanke, ist dieser Mensch so auch möglich? Im Gegenteil: ich frug, ist dieser Mensch konsequent? Und ist er es, so ist es mir desto lieber, je unmöglicher er ist.
Reine Kombinatorik, sich verwirren durch unwirkliche Gestalten, deren innerer Konsequenz man sich aber doch nicht entziehen kann: Das schwebte mir zu Zeiten als eine, phan-

11 Vgl. Kap. I., Anm. zu 103,29 / 73,35.
12 Lies: Nie.

tastische (natürlich nur als eine neben anderen) Form des Romans vor, als ein Genuß für Menschen mit intellektuellen Neigungen (und andere zählen ja doch nicht) usw.
Daneben nun das doch wieder Realpsychologische (und doch auch wieder ungewohnt Psychologische) des Romans. Eine Tatsache: Die Welt der Gefühle und die des Verstandes sind inkommensurabel. Kronbeispiel: die Musik (Wie verkennend, Musik durch Worte und Gedanken verdeutlichen zu wollen!) Im Übrigen: alle Kunst. Erst wo wir vor einem Bilde fühlen, daß wir das nicht ausdrücken u. nicht denken können, was wir empfinden, fängt sie an. M. a. W. Ich weiß, daß ich jetzt als der einzige Mensch in diesem Saale das Bild erfasse und ich weiß nicht wie und womit. Ich kann meinen Eindruck nur mit ganz uneigentlichen Worten mitteilen. Und doch ist die Sicherheit des Erfassens ganz unbeschreiblich stark. Wieder m. a. W, es ist, als ob ein Mensch in mir wäre, mit dem dieses Bild spricht, den es augenblicklich in seine Kreise zieht usw. und daß mein eigentlicher Mensch, als den ich mich besitze, (und zu besitzen glauben wir uns eben nur, soweit wir uns verständlich fassen können) gerade nur den Schatten davon erfaßte.
Das Ich wird förmlich zerspalten, es gewinnt einen doppelten Boden und durch die trüben Gläser des ersten und bisher alleinigen sieht man geheimnisvolle Bewegungen ohne sie sich deuten zu können.
Ich finde darin Tragik. Ich machte sie zum eigentlichen Vorwurf[13] meines Buches und nannte es ›Die Verwirrungen des Zöglings Törless‹
Einen Roman nicht ganz gewöhnlicher Art – Mit Fehlern behaftet, aber einer neuen Weise zu schreiben zustrebend – teilweise Fehler mit Absicht nicht vermeidend, als gegenüber dem Ziele belanglose.«

Briefe I, S. 12–14.

---

13 Vorlage, Gegenstand.

Im zweiten Entwurf eines Briefes an Matthias di Gaspero[14] vom Juli 1907 [?] heißt es:

»Du erlaubst gewiß, daß ich mich verteidige. Und dazu möchte ich vorläufig einmal das Moralische vom Klassen-Moralischen trennen, d. h. die Moral als ein Werdendes, als ein Gegenstand beständigen Fragens und Bildens von der Moral als einem Gewordenen, Festen, bürgerlichen Wohnhaus.

Denn alle große Kunst ist meiner Meinung nach moralisch im ersten Sinne, sie schafft Werte, sie sucht. Und sie ist ebenso sehr amoralisch im zweiten Sinne. Sie setzt schon in der griechischen Tragödie bei Sophokles u. Euripides mit Inzucht ein und der zweite Teil des Nibelungenliedes ist von der Gewittergröße des Mörders von Tronje beherrscht (fast wider Willen) Don Quichote ist ein Narr, ein pathologischer Fall, Hamlet ein Mörder schon beim Aufgehen des Vorhangs, Richard 2; Richard III! Faust u Gretchen? Man kann sagen, die Tragödie lebt vom Morde.

Man darf keinen tragischen Helden mit den Maßstäben der Vernunft werten, weil man sonst vor Abscheu noch vor den Toren der Kunst umkehren würde. Erster Teil.

Zweiter Teil: Man muß jeden tragischen Helden u. alles am Kunstwerk mit den Maßstäben der Vernunft werten! Aber die Maßstäbe haben sich zu ändern!! Kurz gesagt: seine Mutter zu lieben, bei seiner Schwester zu schlafen, ein Mädchen zu schwängern u. in Stich zu lassen, zu morden usw. usw. ist schlecht. Schlecht nach dem corpus juris, der der gröbste der Maßstäbe ist, schlecht noch nach der gesellschaftlichen Sitte, die als Maß für Alle der zweitgröbste ist.

---

14 1858–1937, Ingenieur, später Direktor der Staatsgewerbeschule in Villach, Freund der Familie Musil und ehemaliger Arbeitskollege von Musils Vater, der seit 1890 Professor für Maschinenbau an der deutschen TH Brünn war (vgl. Frisé, in: Briefe II, S. 20). »Nach Erscheinen hatte er [Musil] sein Werk, das die sogenannte gute Gesellschaft, also auch die Bekannten der Eltern Musil, schockierte […] zu verteidigen« (Karl Corino, »Robert Musil und Kärnten«, in: Studien, S. 6).

2. Zu Verständnissen und Missverständnissen 75

Es kann gut sein nach einer individuellen, nüancenreicheren Moral – Abraham opfert seinen Sohn um einem Gott zu dienen, Faust tötet moralisch ein Mädchen um seinen höhern Typ zu realisieren. Das sind Fragen der Moral, die nicht kurz zu entscheiden gehen. Es ist die Aufgabe von Kunstwerken auf solche Fragen zu weisen. Lösen können sie sie meist nicht. (Mit Verlaub: darf Törless so einfach über Basini hinweggehen, ist eine solche Frage. Ich sage ja.)
Dritter Teil: Man muß jedem Kunstwerk die Amoral gestatten, damit es darauf erst seine Moral aufbaue. Das moralische Problem kann sehr verschieden ausgedrückt werden. zb. kann einer Menschen miteinander streiten lassen, untergehen lassen usw. ohne zu sagen, der hat Recht, jener hat Unrecht, die Moral liegt nicht in den Charakteren, sie liegt darin, daß uns einer den Kampf der Menschen, den Mechanismus, das Tierische, Kosmische usw. zeigt einer gerade einmal nicht sagt, der hat Recht, der Unrecht. Das Schicksal, der Weltlauf, das Unbegreifliche – irgendetwas Abstraktes kann das eigentliche Sujet sein, dessen Somatik u Psychologie entwickelt wird. Dichter mit dieser eigentümlichen Technik ihre Moral auszudrücken, nennt man gewöhnlich cynisch. Allgemein: symbolisch.
Damit hätte ich das Wichtigste beisammen. Um auf den T. zu kommen: das Buch ist nicht naturalistisch. Es gibt nicht Pubertätspsychologie wie viele andere, es ist symbolisch, es illustriert eine Idee. Um nicht mißverstanden zu werden, habe ich ein Wort von Maeterlinck, das ihr am nächsten kommt, vorangesetzt. Das Buch ist unmoralisch, weil diese besondere Form der Unmoral mir am geeignetsten schien, die Idee daran heraus zu arbeiten. – Das Buch ist im doppelten Sinne moralisch. Einmal weil es eine Idee hat, sodann, weil es zeigt, daß es auf die gewöhnliche Unmoral in gewissen Fällen gar nicht ankommt (eine zweite Idee) Allerdings verletzt nichts darin auch mein bürgerliches Moralempfinden.«

Briefe I, S. 46 f.

IV. Selbstzeugnisse

Im Entwurf eines Briefes an Paul Wiegler[15] vom 21. Dezember 1906 schreibt Musil:

»Aber eines liegt mir sehr am Herzen. Ich will nicht die Päddherastie[16] begreiflich machen. Sie liegt mir von allen Abnormitäten vielleicht am fernsten. Zumindest in ihrer heutigen Form.
Daß ich gerade sie wählte, ist Zufall, liegt an der Handlung, die ich gerade im Gedächtnis hatte. Statt Basini könnte ein Weib stehen u. statt der Bisexualität Sadism. Masochism. Fetischism[17] – was immer, das noch einen Zusammenhang mit Regungen, die auch nur streifen, erkennen läßt, einen Zusammenhang, der durch das Pathologische noch nicht so überdeckt ist, wie in schweren Fällen.
Meine Meinung ist es, daß aus dem gezeichneten intellectuellen Problem u. aus der Stimmung, in die es hineingestellt ist, das Verschiedenste entstehen könne, je nach den zufälligen Umständen.
Wie Sie wissen, beschäftige ich mich auch wissenschaftlich mit Psychologie (allerdings noch nicht zu der Zeit, da ich das Buch schrieb) und ich muß sagen, daß ich etwa in den schönen Berichten der französischen Psychiater *jede* Abnormität ebensogut nachempfinden kann, u. darstellen zu können glaube, wie die gerade von mir gewählte, verhältnismäßig landläufige. Darin liegt allerdings ein psychologisches Problem, aber jedenfalls ist es so, daß ich ganz mich in solchen Gefühlskreis hineinversetzen kann, ohne in meinem Wollen ernstlich davon berührt zu werden.
Wenn Sie diese – für das Schaffen wie ich glaube charakte-

---

15 1878–1949, Erzähler und Journalist. Musil schickte ihm Alfred Kerrs Rezension (vgl. Kap. V, S. 81–89) und versuchte, von Wiegler ebenfalls eine Besprechung zu bekommen.
16 Päderastie: Knabenliebe.
17 Sadismus, Masochismus, Fetischismus: Triebbefriedigung – in der Lust an körperlichen und seelischen Quälereien, – am Erleiden solcher Quälereien, – durch die geschlechtliche Bindung an eine andere Person bzw. einen Gegenstand einer anderen Person.

ristische – Tatsache stark unterstrichen, wäre ich Ihnen sehr dankbar.
Ein zweites ist, daß ich nicht Psychologie in allen ihren Finessen geben will. Davon fehlt viel in dem Buche. Ich will nicht begreiflich sondern fühlbar machen. Das ist glaube ich im Keim der Unterschied zwischen psychologischer Wissenschaft u. psychologischer Kunst.
Letztlich noch die Bitte, daß Sie nichts von Weißkirchen[18] erwähnen. Der Zusammenhang mit diesem Institut, in dem ich aufwuchs, ist ein äußerlicher. Die Erinnerung lieferte mir nur das Motiv u. ich bemühte mich möglichst zu verschleiern. Tatsächlich stimmen auch selbst Äußerlichkeiten nicht überein. Immerhin sind viele solche nur wenig verändert, besonders Namen, und es ist mir sehr unangenehm, daß man real interpretirt, weil gerade das Kompromittirende zum großen Teil erfunden ist.«

Briefe I, S. 23 f.

Unter dem Einfluss der veränderten politischen Situation geht Musil der Frage nach dem Wirklichkeitsgehalt des Romans noch einmal nach. Die Erweiterung der Perspektive des kompetentesten Lesers, des Autors, um die konkret politische sowie allgemein gesellschaftliche Dimension, wirft ein bezeichnendes Licht auf die Themenvielfalt des *Törleß*-Romans, in dem man auch die Entstehungsgeschichte des ideologisch legitimierten und geduldeten politischen Terrors dargestellt sehen kann.[19] Musils neues Verständnis, vorerst nur in wenigen schlagwortartigen Notizen festgehalten und nicht expliziert, zeigt weiterhin deutlich, dass literarische Verstehensakte historischem Wandel unterliegen. Im Frühjahr 1936 schreibt er:

---

18 Vgl. Kap. I, Anm. zu 9,6 / 8,24 und Kap. III, S. 43–45.
19 Vgl. dazu Kap. V und VI.

»*Ed*[20] s. Törleß. Hätten wir damals gedacht, daß der putschierende Offizier führender Typus in der Welt werden wird?! Boineburg[21] hat es gedacht!«

Tagebücher I (Heft 31), S. 834.

1937 notiert Musil:

»Das Verhältnis zur Politik.
Reising[22], Boineburg: die heutigen Diktatoren in nucleo. Auch die Auffassung der ›Masse‹ als zu zwingendes Wesen.«

Tagebücher I (Heft 33), S. 914.

Mit dem deutlichen Hinweis auf die politische Aktualität der Lektüre empfiehlt Musil Robert Lejeune, dem Freund und Helfer während der letzten Lebensjahre in der Schweiz, noch am 5. April 1942, wenige Tage vor seinem Tod, statt der *Vereinigungen* lieber *Die Verwirrungen des Zöglings Törleß* zu lesen:

»Vom Törleß dagegen hat ein kluger Mann vor nicht langem gesagt, daß er den Menschenschlag, der heute die Welt in Verwirrung bringt, in seiner imaginären Jugend dargestellt hat; und so etwas fast vierzig Jahre vorher zu beschreiben, hätte schon etwas von einer Prophezeiung.«

Briefe I, S. 1417.

---

20 »Der Planet Ed« oder »Land über dem Südpol«, Arbeitstitel, unter denen Musil Notizen und Entwürfe zu einem utopischen Experimentalroman gesammelt hat.
21 Richard Wilhelm Maria, Freiherr von Boineburg-Lengsfeld, vgl. Kap. III, S. 46f. und 50f.
22 Jarto Reising von Reisinger, vgl. Kap. III, S. 46 und 50.

V. Dokumente zur Wirkungsgeschichte

1. Die Wirkung zu Lebzeiten Musils

So vielschichtig und von Möglichkeiten zu Missverständnissen belastet, wie die Entstehungsgeschichte des Romans annehmen lässt, stellt sich die Wirkungsgeschichte dar (vgl. S. 97). Im Schreiben bedrückende Erkenntnisse zu überwinden und zu objektivieren war nie Musils Absicht gewesen. Dennoch erzielte das unbeabsichtigt oder zufällig Dargestellte, das für eine lineare Umsetzung persönlicher Erlebnisse gehalten wurde, zunächst die größere Wirkung. Musils unprätentiöse Offenheit, mit der er um die Jahrhundertwende tabuisierte Sachverhalte (homoerotische Liebe, Sexualität und Gewalt usw.) vorführte, kann allein schon der Grund für den »Sensationswert« (Müller, S. 23) gewesen sein. Dies kann jedoch nicht den bis in unsere Zeit anhaltenden Erfolg des Buches erklären.
Obwohl ungleich radikaler und offener als Wedekinds *Frühlings Erwachen*, wurde das Werk nie verboten. Von der literarisch nicht unbedingt interessierten so genannten guten Gesellschaft wurde es teils ignoriert, teils als unmoralisch verworfen. Schriftliche Zeugnisse von Exponenten dieser Gesellschaft, z. B. den Bekannten des großbürgerlichen Elternhauses Musils, sind jedoch nicht erhalten. Lediglich mehrere Briefentwürfe Musils[1] belegen, gegen welche Vorwürfe er seinen Roman von Anfang an verteidigen musste. Seine zeitgenössische Ansicht zum Vorwurf der Amoralität wird in einem Briefentwurf an Matthias di Gaspero von 1907 besonders deutlich.

---

1 Vgl. Briefentwürfe an Stefanie Tyrka (S. 72 f.) und Matthias di Gaspero (S. 74 f.); Brief an den Literaturkritiker Paul Wiegler (S. 76 f.).

Robert Musil, um 1901

1. Die Wirkung zu Lebzeiten Musils

Die Wirkungsgeschichte von Musils Erstlingsroman ist nicht denkbar ohne ALFRED KERR, den ebenso berühmten wie umstrittenen Berliner Literaturkritiker. Musil hatte sein Manuskript an Kerr zur Beurteilung geschickt, nachdem er es von drei Verlagen mit einer Ablehnung zurückerhalten hatte. Mit Kerrs Rezension begann eine langjährige Beziehung zwischen den beiden extrem verschiedenen Schriftstellern. In seinen autobiographischen Notizen bezeichnet Musil die Begegnung mit Kerr als einen der beiden schönsten Augenblicke, die ihm von seiner Schriftstellerlaufbahn in Erinnerung geblieben seien.[2]

Kerr erkannte schon 1906, dass dieser Erstlingsroman eines bis dahin völlig unbekannten jungen Autors ein Werk der Weltliteratur darstellte, dass es sich mit seinen eigentlichen Qualitäten aber nur sehr schwer würde durchsetzen können.

»I.

Robert Musil ist in Südösterreich geboren, fünfundzwanzig Jahr alt, und hat ein Buch geschrieben, das bleiben wird.
Er nennt es: *Die Verwirrungen des Zöglings Törleß*. Der Wiener Verlag bringt es heraus.
In diesem jungen und wohl bald verrufenen, verzeterten, bespienen Werk, das auf den Index ornatloser Pfaffen gesetzt wird, wenn ein halbes Dutzend Menschen es nur erst gelesen hat, sind Meisterstrecken. Das Starke seines Wertes liegt in der ruhigen, verinnerlichten Gestaltung abseitiger Dinge dieses Lebens, – die eben doch in diesem Leben sind. Die unser Hexenprozeßverfahren heute straft. ›Nachtseiten‹ sagt der Feuilletonist; also Nachtseiten. Für jeden sind sie nicht vorhanden: insofern sein Leib oder die Konjunktur seines Schicksals es mit sich brachten, daß er in keine dieser Nebenwelten je geriet; aber vorhanden sind sie.
Und als Episoden im Gesamtschauspiel der Menschenexi-

2 Tagebücher I (Heft 33), S. 912.

stenz haben sie dargestellt zu werden ein Recht, das Kinder oder Kaffern durch Stimmkraft und Faustgewalt nicht ernsthaft erschüttern können. Mögen sie beim Lesen des Buches umfallen (ich höre bereits ihr Gemecker), – es zeigt neue Stufungen im Seelischen.

Was ihr da erblickt, sind dämmernde Zwischengrade: vom Aug' eines Unterscheiders umrissen, mit den Nerven eines Beteiligten empfunden, in der Handschrift eines Dichters nacherzählt. Ich erinnere mich des Friedrich Schlegelschen Satzes: ›Wenn man einmal aus Psychologie Romane schreibt oder liest, so ist es sehr inkonsequent und klein, auch die langsamste und ausführlichste Zergliederung unnatürlicher Lüste, gräßlicher Marter, empörender Infamie ... scheuen zu wollen.‹ Hundert Jahre vergingen, seit er das schrieb. Indessen war Dostojewski da ... Aber ihr werdet trotzdem zetern, meckern und schäumen.

II.

Musils Erzählung ist ohne Weichlichkeit. Es steckt darin keine, sozusagen, Lyrik. Er ist ein Mensch, der in Tatsachen sieht, – nur aus ihrer Sachgestaltung erwächst ihm dasjenige Maß von ›Lyrik‹, das in den Dingen etwa steckt. Man bemerkt Lichter und Dunkles. Das Buch gibt, was mir wertvoll erscheint, die Luststimmung zwischen dem Räumlichen und dem Seelischen ... Bei der Erinnerung an das Buch hat man die Erinnerung an Dinge, die visionär aufleben und doch Wirklichkeit sind. Einzelheiten haften im visuellen Gedächtnis. (Das ist vielleicht der Prüfstein für die Gestaltungsart eines Schriftstellers: ob seine Szenen in visuellem Gedächtnis wiederkehren oder in einer abstrakteren Gedächtniserscheinung.)

Ein kleiner Wald etwa, mit einem Haus darin; das Atmosphärische darum; alles verflochten mit einer Seelenstimmung ... nein: so gemalt, daß die Vorgänge, die Bäume, das Wetter, die Beleuchtung, der Inhalt des Hauses und die zeitweiligen Gäste darin, eine Dirne Božena, die Schüler ei-

nes mährischen Konvikts in ihrer Uniform, die niedlichen Degen an der Seite, die Gerätschaften des Zimmers, und das Eckchen Gewölk, das von oben hereinsieht, – daß alles wie ein Bestandteil der Seele des Zöglings Törleß wirkt ... und dämmerig sichtbar bleibt. Frei von Empfindsamkeit. Tatsachendarstellung. Nicht ›gemalt‹ ist die Stimmung, sondern das Dargestellte wirft sie ab. Alles wird nach längerer Zeit im Gedächtnis bleiben mit der Tönung der Umwelt, mit der Beleuchtung von Außendingen und, nicht zuletzt, mit den Bewußtseinszuständen eines Menschen: des Zöglings Törleß. Alles das wirkt real und, beim Erinnern, visionär – ein Vorgang, wie ihn Törleß ähnlich selber an seiner Art zu sehen beobachtet. ... Oder man nehme zuvor einen inneren Zustand am Sonntagnachmittag in der Konditorei einer kleinen Stadt; oder auf einem Gang bei den ersten kleinen Häusern des Orts, vorüber an Kindern, Schmutz, Höfen, slawischen Weibern. ...
Visionär und real wirken dann absonderlich-furchtbare Geschehnisse zur Nachtzeit in einem Bodenraum des Konvikts. In einem Helldunkel sind sie gemalt, daß neben den wirklichen Dingen etwas Unwägbares, Entgleitendes durch sie hindurchschwingt, auch über ihnen wegtönt, man fühlt über allen Scheueln und Barbareien, die sich dort zutragen, etwas Verströmendes wie den Gang der Zeit. Die Beleuchtung drückt sich wieder dem Gedächtnis ein, gibt den Greueln und Tierheitsauftritten etwas Unwirkliches. Bei aller Körperlichkeit. Und sie bleiben körperlich bei allem Visionären. ›Nachtseiten‹, – ja; aber Nachtseiten muß einer malen können.
Die Darstellung immer frei von Empfindsamkeit. Nur aus Tatsachen quillt, was an erschütternden Empfindungsmöglichkeiten in ihnen steckt. Und die Hauptgestalt, der junge Törleß, ist sogar allzu frei von entscheidendem Mitfühlen, von zupackendem Anteil: denn vor dem Furchtbarsten, das ein anderer durchmacht, steht er, ... nicht wie vor einer ethischen Angelegenheit; sondern bloß wie vor einer Ange-

legenheit seines Bewußtseins. Vor einer Frage nach dem inneren Geschehen, – ›weil mich dabei ein Vorgang in meinem Gehirn interessiert, ein Etwas, von dem ich heute trotz allem noch wenig weiß, und vor dem alles, was ich darüber denke, mir belanglos erscheint‹.

III.

Diese junge Zentralperson, welche durch ein Hinnom[3] von Abscheulichkeiten wandelt, – um dann halb gefestigt, halb erinnerungsvoll auf der Erde zu stehen, mit der Kenntnis von ihren rätseläugigen Nebengebieten: die Kernperson führt einen Kampf um das Festhalten des Entgleitenden. Der Zögling möchte beleuchten, was ihm dämmrig heranwittert. Er möchte manches, was in uns lebt, emporreißen, packen, es stellen. Deinen Namen will ich wissen, deine Sippschaft, so ruft er zu Dingen, nicht zu Menschen. Auch zu Menschen: zu Etlichem, das um sie geistert, das in ihnen schwebt, schwillt, schwindet. Leblose Sachen befremden ihn zunächst; er ist ›in der Aufregung eines Menschen, der einem Gelähmten die Worte von den Verzerrungen des Mundes ablesen soll und es nicht zuwege bringt‹. So, als ob er ›einen Sinn mehr hätte als die andern, aber einen nicht fertig entwickelten, einen Sinn, der da ist, sich bemerkbar macht, aber nicht funktioniert‹. Und die Menschen wirken auf ihn ebenso zweifelerregend wie das Leblose. Basini heißt ein Mitzögling, an dem Gräßliches vollzogen wird. Törleß sitzt ihm spät und still einmal gegenüber. Wie Törleß ihn von anderen durch nichts unterschieden erblickt, ›wurden die Erniedrigungen in ihm lebendig, die Basini erlitten hatte. Wurden in ihm lebendig: d. h., daß er gar nicht daran dachte, mit jener gewissen Jovialität, die die moralische Überlegung im Gefolge hat, sich zu sagen, daß es in jedem Menschen liege, nach erduldeten Erniedrigungen möglichst schnell wenigstens nach der äußeren Haltung des

---

3 (hebr.) Tal der Gräuel.

Unbefangenen wieder zu trachten‹, sondern Törleß spürt einen Schwindel; dazwischen ›wie stiebende Farbenpunkte‹ allerlei, was er in auseinanderliegenden Zeitabständen über Basini gefühlt. ›Eigentlich war es ja immer nur ein und dasselbe Gefühl gewesen. Und ganz eigentlich überhaupt kein Gefühl, sondern mehr ein Erbeben ganz tief am Grunde, das gar keine merklichen Wellen warf und vor dem doch die ganze Seele so verhalten mächtig erzitterte, daß die Wellen selbst der stürmischsten Gefühle daneben wie harmlose Kräuselungen der Oberfläche erschienen. Wenn ihm dieses eine Gefühl zu verschiedenen Zeiten dennoch verschieden zu Bewußtsein gekommen war, so hatte dies darin seinen Grund, daß er zur Ausdeutung dieser Woge, die den ganzen Organismus überflutete, nur über die Bilder verfügte, welche davon in seine Sinne fielen – so, wie wenn von einer unendlich sich in die Finsternis hinein erstreckenden Dünung nur einzelne losgelöste Teilchen an den Felsen eines beleuchteten Ufers in die Höhe spritzten, um gleich darauf hilflos aus dem Kreise des Lichtes wieder zu versinken.‹ In welcher Beziehung steht Törleß zu einem neben ihm Lebenden? ›Nie 'sah' er Basini irgendwie in körperlicher Plastik und Lebendigkeit irgend einer Pose, nie hatte er eine wirkliche Vision: immer nur die Illusion einer solchen, gewissermaßen nur die Vision seiner Visionen. Denn immer war es in ihm, als sei soeben ein Bild über die geheimnisvolle Fläche gehuscht, und nie gelang es ihm, im Augenblicke des Vorganges selbst, diesen zu erhaschen. Daher war beständig eine rastlose Unruhe in ihm, wie man sie vor einem Kinematographen empfindet, wenn man neben der Illusion des Ganzen doch eine vage Wahrnehmung nicht loswerden kann, daß hinter dem Bilde, das man empfängt, Hunderte von – für sich betrachtet ganz anderen – Bildern vorbeihuschen. …‹ Die Erkenntnisnot des Helden wird erzeugt von der Unvergleichbarkeit des Erlebens und des Erfassens. Von der Unvergleichbarkeit, die herrscht zwischen Erleben und Erfassen. Und wie er gleichsam nach einer un-

bekannten Insel schwimmt, zu der ihn das Geheimnis zieht, verwirrt er sich im Tang der Geschlechtlichkeiten ... der besonderen Greuel, die ebenso abseits vom hellerlichten Tage des Lebens scheinen wie anderes Verborgenes ...
Und am Schluß liegen diese Dinge hinter ihm wie etwas, das niemals war (und doch gegenwärtig ist). Die bürgerliche Sonne leuchtet über die bürgerliche Welt. Das Acherontische[4] schweigt. Doch es war einmal, es war einmal in seinem Leben.

IV.

Ein Konvikt. ... Ferne Beziehungen zu den Eltern (etwan einem Draht ohne Strom ähnlich). Ein Suchen in erkenntnisloser Einsamkeit. Irgend eine Annäherung zu einem auftauchenden Menschen, der Schatten einer inneren Beziehung – ein Verbleichen. Zwischendurch Episoden bei einem Frauenzimmer a. D. Dann: Ein Zögling, Basini, begeht Diebstähle; kommt hierdurch in die Gewalt, auf Gnad' und Ungnade, zweier festen Mitschüler, Reiting und Beineberg. Der junge Törleß, anfangs Zuschauer, geht nachtwandlerisch, seinen Rätseln folgend, ins unabgesteckte Reich des Scheuelvollen, des Brauchlosen ... wird hineingezogen ... und gewahrt in der vollziehenden Sekunde: ›Das bin nicht ich! ... nicht ich!‹
Nicht alles kann ich nachprüfen. Der Schwerpunkt dieser Dinge liegt mir so fern wie die Menschenesserei der Südsee: aber ich weiß doch, daß es Menschen mit diesem Drange gibt. Ich hab' es bisher nicht geglaubt; jetzt glaub' ich es. *Ecco.*[5]
Das Bild ist schlecht gewählt: Es handelt sich um Leute, die nicht, gleich Kannibalen, tiefer stehen als wir. Sondern die vielleicht, da sie in anderen Teilen ihres Lebens oft zu unseren gesetzlich anerkannten Empfindungen kommen, einen

---

4 Unterweltliche (nach dem Fluss Acheron in der Unterwelt der griechischen Sage).
5 (ital.) Sieh' da!, Da hast du's!

Zug mehr besitzen als wir; die so fühlen können wie wir, aber zugleich noch anders fühlen können; die um eine Gliederung reicher sind, vor der wir erschauern. Oder doch die Augen aufreißen. Oder auch nicht mehr die Augen aufreißen. Musil, der den Törleß gemalt hat und sein Erlebnis, hat zum erstenmal in Fleisch und Blut und Nerven einen hingestellt, bei dem die Fremdheit aufhört. Das alles ist also keine Sage, bisher hielt man es doch immer dafür, wenn man sich scharf beobachtet: sondern es ist gar nicht mehr zu bezweifeln. Die Fremdheit wird gemindert, weil der Blick Zusammenhänge fühlt. Weil triebmäßig eine Erkenntnis wächst, die keine Wissenschaft, aber die ein Dichter geben kann.
Törleß leugnet später nicht, durch eine Erniedrigung (er braucht dieses Wort, nicht am Ende sein Autor) hindurchgegangen zu sein. Doch er fügt hinzu – der spätere Törleß, indem er mit Recht betont, daß die anderen doch auch Dinge durchleben, die von der Qualität jener Erlebnisse wirklich nicht so sehr abweichen, – er fügt mit nachdenklicher Klugheit hinzu: ›Wollten Sie übrigens die Stunden der Erniedrigung zählen, die überhaupt von jeder großen Leidenschaft der Seele eingebrannt werden? Denken Sie nur an die Stunden der absichtlichen Demütigung in der Liebe! Diese entrückten Stunden, zu denen sich Liebende über gewisse tiefe Brunnen neigen oder einander das Ohr ans Herz legen, ob sie nicht drinnen die Krallen der großen unruhigen Katzen ungeduldig an den Kerkerwänden hören? Nur um sich zittern zu fühlen! Nur um über ihr Alleinsein oberhalb dieser dunklen, brandmarkenden Tiefen zu erschrecken! Nur um jäh – in der Angst der Einsamkeit mit diesen düsteren Kräften – sich ganz ineinander zu flüchten!‹ Und er spricht ein blitzhelles Wort; von schlagender Kraft, wie es kein Anwalt geben, sondern wieder nur ein Künstler in dieser Prägung finden kann, – das ernste Wort, welches die Verwandtheit auch des Nichtüblichen erleuchtet: ›Sehen Sie doch nur jungen Ehepaaren in die Augen.

Du glaubst ...? steht darin, aber du ahnst ja gar nicht, wie tief wir versinken können! – In diesen Augen liegt ein heiterer Spott gegen den, der von so vielem nichts weiß, und der zärtliche Stolz derer, die miteinander durch alle Höllen gegangen sind.‹
... Törleß versucht von dem einen Teil seiner Erlebnisse, nämlich vom Kampf um das Sehen der Erscheinungen, der Lehrerschaft einen Begriff zu geben. Ohne den geringsten Erfolg. Von dem anderen Teil, dem scheuelvollen, träumen sie nichts. Wegen Diebstahls wird Basini, der Entwürdigte, zwangsweis entfernt. Törleß kehrt zu den Eltern zurück. Er weiß mehr als viele; hinter seinem Schweigen steht ein seltsam einmaliges Gelernthaben. Und das Leben liegt vor ihm.

V.

In seinem Bezirk ist dieses Buch ein Lebensbuch. Geschrieben von einem selbständigen, nach Einsicht grabenden, tapferen Geist; dem Niedriges und Widriges darum fernliegt, weil es ihm, alles in allem, um das Bedeutungsvolle zu tun ist.
Kontrastierende Richtungen gibt es immer auf engem Raum; doch nicht immer ist die Scheidung so bequem wie etwa dazumal in Frankreich, als es hieß: Die Fresser für Balzac, die Schmecker für Musset[6]. *Les gloutons pour Balzac, les délicats pour Musset.* Da aber Gustav Freytag[7] tot ist, wird wohl Frenssen[8] als der Gegenpol solcher schürfenden, entschlossenen Versuche zu betrachten sein, wie Ro-

---

6 Alfred de Musset (1810–57) galt als einer der geistreichsten französischen Romantiker. Er schrieb Lyrik, Verserzählungen, Dramen, Novellen. Der implizierte Vergleich mit dem 1906 gänzlich unbekannten Musil war ein geschicktes Kompliment Kerrs.
7 Gustav Freytag (1816–95), Schriftsteller, Kulturhistoriker, Dozent für deutsche Literatur an der Universität Breslau (1839–47), verfasste die Romanzyklen *Soll und Haben* (1855) und *Die Ahnen* (1872–80).
8 Gustav Frenssen (1863–1945), heute unbekannter Schriftsteller und Pastor, hatte 1901 Erfolg mit dem Bauernroman *Jörn Uhl*.

bert Musil einen mutig hinstellt. Jörn Uhl ist gewiß anders: aber Werke dieser Art sind nicht reiner, weil sie Sonne geben und Blauäugigkeit.
Ich liebe Schöpfer, die sich nicht kindlicher stellen, als sie sind; und denen sich mit dem Mut, nach jedem für Menschen ernsten Stoff zu greifen, die Kraft verbindet, Odem hineinzuwehn.«

Alfred Kerr: Robert Musil. In: Der Tag (Berlin). Nr. 647. 21. Dezember 1906. – Mit Genehmigung der S. Fischer Verlag GmbH, Frankfurt am Main.

Die Förderung durch Kerr hatte für Musil lebensentscheidende Folgen. Indem Kerr dem Roman zur frühen Entdeckung verhalf, trug er auch zu Musils Entscheidung bei, trotz technisch-wissenschaftlicher Ausbildung und gesicherter Zukunft auf diesem Gebiet, Schriftsteller zu werden. MUSIL schreibt in einem Brief vom 1. Dezember 1924 an den Literaturhistoriker Josef Nadler:

»Mein Bildungsgang führte durch militärische Erziehung, technisches Studium, kurze Ingenieurstätigkeit, abermals zu einem Wechsel, wo ich die Gymnasialfächer nachholte und Philosophie studierte. In der Hauptsache Logik, Erkenntnistheorie, Psychologie; obgleich meine Neigung der Ethik galt. Bevor ich das Doktorat machte, veröffentlichte ich die *Verwirrungen des Zöglings Törleß*. Der Erfolg des Buchs trug leider dazu bei, daß ich mich mit meinem Lehrer Stumpf[9] in Berlin verzankte und darüber indigniert auch eine Einladung Meinong's[10] ablehnte, als Assistent nach Graz zu kommen und mich dort zu habilitieren.«

Briefe I, S. 367.

9 Carl Stumpf (1848–1936), Professor für Philosophie an der Friedrich-Wilhelms-Universität Berlin. Musil promovierte bei ihm mit einer erkenntnistheoretischen Arbeit über Ernst Mach.
10 Alexius Meinong (1853–1920), Professor für Psychologie an der Universität Graz.

Als ein »Dokument der Zeit – wider die Zeit« und damit als vom Autor unbeabsichtigtes, aber sehr nützliches Aufklärungsbuch interpretierte LUDWIG HIRSCHFELD den Roman:

»Beträchtlich ist in den letzten Jahren die Literatur über die erotische Jugendentwicklung angewachsen, die schließlich in Hermann Hesses[11] *Unterm Rad* künstlerisch gipfelte. Deutsche und Nordländer haben diese Gattung eifrig gepflegt, auch Franzosen und Russen, nur Oesterreich hat nichts Markantes und Wertvolles beigetragen. Des Publikums jedoch hat sich allmählich ein Gefühl des Ueberdrusses bemächtigt; man traut diesen jungen Damen und Herren nicht mehr, die bloß vor ihrer eigenen langweiligen Tür zu kehren verstanden, denn das bißchen Enthüllung und Skandal wog die unerträgliche Monotonie dieser Monologe in der dritten Person nicht auf. Und wenn ein Autor heute ein Stück seiner Jugend bloßlegen will, so muß er es schon mit sehr viel Grazie und mit einem außerordentlichen künstlerischen Aufwand tun – für die als Wahrheit vermummte Talentlosigkeit sind wir nicht mehr zu sprechen.
Knapp vor Torschluß ist noch ein österreichischer Roman mit solchen Jugendbekenntnissen erschienen. Sein Verfasser, der Robert Musil heißt, scheint ein neuer Mann zu sein, obwohl er einen ziemlich gereiften Eindruck macht. Den Anfänger verraten bloß das Thema und die weitausholende Manier, die am liebsten alle ungelösten Fragen in einem Buch erörtern und lösen möchte.
Dagegen ist nichts von jener bald fahrigen, bald hölzernen Ungeschicklichkeit und Aufgeregtheit zu bemerken, die den Neulingen des Lebens und der Literatur eigentümlich zu sein pflegt. Wohl ist das Buch, wie sich von selbst versteht, eine Beichte, aber noch nie ist jemand so kühl und

---

11 Hermann Hesse (1877–1962), Sohn eines Missionspredigers, wehrte sich erfolgreich gegen eine aufgezwungene theologische Ausbildung und wurde Schriftsteller; sein Roman *Unterm Rad* erschien 1905.

gelassen, ja überlegen im Beichtstuhl gekniet, wie dieser Herr Robert Musil, und je haarsträubender seine Bekenntnisse sich gestalten, desto kühler und gelassener wird er, und das macht sein Buch so merkwürdig. [...]
Das Buch ist mit einer beabsichtigten Trockenheit und Zurückhaltung geschrieben, es wird darin mehr berichtet als erzählt. Nur an einigen wenigen Stellen leuchtet es hastig poetisch auf, gleichsam wider den Willen des Dichters, als den man Robert Musil bezeichnen darf. Denn wer solche zügellose Begebenheiten so herb darzustellen vermag, wer inmitten all dieser Verwirrtheit nicht die literarische Besonnenheit verliert, der besitzt über den Durchschnitt ragende Fähigkeiten, mögen an seinem Buche auch Mängel der Zeichnung und Komposition und noch allerhand Untugenden zu rügen sein. Eine bloße ästhetische Wertung dieses Erstlingswerkes würde uns jedoch an seiner eigentlichen Bedeutung blind vorübergehen lassen. Auch über die oft ans Widersinnige grenzenden Anschauungen soll man mit dem Autor nicht rechten. Das untersteht so wenig der Kritik, wie die Erzählung eines Menschen von seinem wirren Traume. Doch wie ein Traum im Zusammenhang mit den Erlebnissen und Eindrücken, die ihn auslösten, tiefe Bedeutung gewinnen kann, so wird auch dieses Buch unversehens und unbeabsichtigt zu einem Dokument der Zeit – wider die Zeit. Wider gedankenlose Eltern, die an ihren Kindern bloß sehen, ob sie rote Backen und einen sauber gewaschenen Hals haben; wider gedankenlose Lehrer, die das Kindergehirn als einen bloßen Trichter für Wissen und Disziplin betrachten; wider alle die dilettierenden und berufsmäßigen Pädagogen, welche die ihnen ausgelieferte Jugend nicht verstehen, weil sie ihre eigene vergessen oder weil sie überhaupt niemals eine gehabt haben.«

Ludwig Hirschfeld: *Die Verwirrungen des Zöglings Törleß*. In: Neue Freie Presse (Wien). 30. Dezember 1906.

In einer kurzen, durchweg positiven Rezension in den *Sozialistischen Monatsheften* vergleicht MAX HOCHDORF Musil mit Frank Wedekind (1864–1918), der in *Frühlings Erwachen* (1891, uraufgeführt 1906), die Nöte der Jugendlichen in einer autoritären Erwachsenenwelt darstellt:

»Aber weit stärker, weit eigentümlicher, darum auch gefährlicher ist Robert Musil, ein Triester Jüngling, Verirrungen [!] eines Konviktzöglings beschreibt er. Da war bisher immer die Mode, das rein geistige Zerwürfnis der halbwüchsigen Burschen zu zeichnen, ihr Ringen nach Gott, ihr Tollen in Reimen, Räuberromantik und Backfischliebe. Musil geht tiefer und den Dingen ernstlich an den Kern. Was Frank Wedekind in Szenen gestalten wollte, die Wehen der Pubertät, das erzählt er. Er hat wahrscheinlich den richtigeren Kunstweg für derartige Dinge gewählt. Er ist ein geschulter Seelenforscher, der sich aus den Büchern der Irrenärzte und der Philosophen über die Verschlingungen des ungelenken Geschlechtslebens aufgeklärt hat. Aber er kennt die Dinge auch aus eigener Erfahrung. Sie sind in seine Phantasie gedrungen. Sie haben sich bei ihm umgesetzt zu dichterischen Bildern und Schönheiten. Der Zögling Toerless gesundet aus seinen Verirrungen, eine ästhetische, nachdenkliche Natur, die nicht von den Leidenschaften und Verwirrungen ganz betäubt werden kann, weil sie zu klug, zu forschend die Verwirrungen nur als Bildungsstationen betrachtet. Musil hat den Mut, zu sagen, dass wir uns oft erst zu normalen und im Gefühl frischen Menschen erziehen können, nachdem uns jede Erscheinung des Lasterhaften und des Wahnsinnigen aufgegangen ist. Und ganz ruhig, ganz rückhaltlos schildert er die Kämpfe und seltsamen Irrwege des Zöglings Toerless. Diese Furchtlosigkeit erzeugte ein gedankenvolles, stellenweise sogar revolutionierendes Werk.«

Max Hochdorf [Sammelrezension]. In: Sozialistische Monatshefte 2 (1907) S. 177 f.

1. Die Wirkung zu Lebzeiten Musils

Als Analyse der »lebensgefährlichen Kinderkrankheiten« des Gehirns und der »Wachstumskrisen der Seele« versteht FELIX POPPENBERG den Roman, den er in einer Sammelrezension zusammen mit anderen zeitgenössischen Werken vorstellt:

»Die sexuelle Dämmerung des Übergangsalters lockt vor allem zum Schauen solcher Dämonien. Ihre tief sich einbrennenden Seelenmale drängt mit furchtbarer Gegenwart das Buch Robert Musils *Die Verwirrungen des Zöglings Törleß* uns auf. Hier ist die Höhle der Hexe von Endor[12], wo die grauenvollsten schlangenumknäulten Vampyre und Spukgeister in phallischer Ungestalt aus den Gräbern gelockt werden zu einer Satansmesse voll Buhlkrämpfen und Folterzuckungen.
Dem Stoff nach eine Institutsgeschichte mit den Schlafsaalheimlichkeiten der Knaben; ein Zögling wird von den Kameraden als Dieb entlarvt und verfällt dadurch der qualvollen Sklaverei ihrer tyrannischen und geilen Grausamkeit. Das wahre Thema aber ist, wie diese Geschehnisse von der überwachen, ins Grenzenlose überspannten Empfänglichkeit des jungen Törleß miterlebt werden. Aufzeichnungen über alle Grade psychisch reizbarer Schwäche sind hier gegeben. Durchaus in die Zwielichtatmosphäre der nächtlichen Ereignisse gebannt, so wie sie den Erlebenden flügelschlagend in den versteckten Schlupfwinkeln umweht, und doch dabei herrisch und überlegen zur Erscheinung gebracht von einem Bändiger, dessen geistige Kraft dem Hexenkreise heil entronnen und der später mit einer gelassenen Miene und einer überlegen fast suffisanten Wissenssicherheit von den Nützlichkeiten solcher Jugenderfahrungen zu sprechen weiß.

---

12 In 1. Sam. 28,7–25 Totenbeschwörerin, die König Saul vor seiner letzten Schlacht gegen die Philister durch den Geist Samuels wahrsagt. Endor ist ein Ort in Israel, südlich des Berges Tabor.

Wie in den ›Schwestern‹[13] ist auch hier das wesentliche die monströse gespenstische Umbildung aller äußeren Eindrücke in einer widerstandslos alle Reizungen aufnehmenden Gefühlswelt, und sie wird – Kubin[14] könnte das malen – von einem starrenden vielgliedrigen Polypen beherrscht, dem Geschlechtszentrum. Durch alle Phasen dieser ziellosen geistigen Situation führt uns die Schilderung: durch die träumerischen Zustände voll bilderdurchzuckten Schweigens, melancholischer auf niemand bezogener Sinnlichkeit des Reifenden, ebenso verstehend wie durch die krallenden würgenden Konvulsionen[15] epileptischer Sinneskrämpfe. Eine Analyse der lebensgefährlichen Kinderkrankheiten des Gehirns und der fährnisreichen Wachstumkrisen der Seele an einem Versuchsobjekt von ungewöhnlicher fast artifiziell gezüchteter Disposition[16].«

> Felix Poppenberg: Die tiefen Blicke. In: Die Neue Rundschau 1907. Bd. 1. S. 375–377.

Ebenfalls mit Wedekinds *Frühlings Erwachen* vergleicht FRANZ SERVAES den *Törleß*-Roman. In seinem Fazit vertieft er allerdings auch wieder eine literaturkritische Bewertung, gegen die sich Musil zur Wehr gesetzt hat, weil sie nicht mit seinen Absichten übereinstimmt:

»Das ist der Gehalt dieses merkwürdigen Romans, der im Grunde gar kein Roman, sondern ein mit tiefdringender psychologischer Analyse geführtes Bekenntnisbuch ist. Ein junger österreichischer Autor betritt damit den Plan und fordert sofort unsere volle Aufmerksamkeit heraus. Er ist

---

13 Gemeint ist der Roman *Geschwister* (1903) von Friedrich Huch (1873–1913), einem Vetter Ricarda Huchs, der in *Mao* (1907) vom Scheitern eines empfindsamen Jungen an der Wirklichkeit erzählt.
14 Alfred Kubin (1877–1959), Zeichner und Illustrator, der vor allem mit Federzeichnungen, die Empfindungen und Gefühle wiedergeben, bekannt wurde.
15 Schüttelkrämpfe.
16 künstlich gezüchteter Empfänglichkeit.

1. Die Wirkung zu Lebzeiten Musils

noch kein Fertiger, wie sonst seine jungen Landsleute, die vielfach mit dreiundzwanzig bis fünfundzwanzig Jahren ein seltsam talentvolles Buch schreiben, über das sie dann jedoch niemals hinauswachsen. Bei Musil spürt man noch überall die volle Gärung, er ist noch ein Werdender. Er steht inmitten seines Stoffes wie in einer Schlangenhöhle und wehrt sich der zischenden Ungeheuer, die von allen Seiten auf ihn eindringen. Er beherrscht sie noch nicht, doch schon liegt in seinem Blick etwas Faszinierendes. Und er sucht das Gewoge um sich zu zerteilen. Sein Ziel wird es sein müssen, dieses alles zu disziplinieren, das Gewoge in künstlerische Darstellung zu verwandeln. Noch sprengt bei ihm der Inhalt das Gefäß – während heute die meisten seiner Vettern mit schön ziselierten Vasen kommen, die sie nicht zu füllen wissen. Bei Musil schwillt alles über – Gott sei Dank, endlich wieder mal einer, auf den man hoffen darf!«

Franz Servaes: Der Roman einer Knabenseele.
In: Das literarische Echo (Berlin). 1. Juni 1907.

Der Wechsel vom Wiener Verlag zum Georg-Müller-Verlag in München, verbunden mit dem Erscheinen des Novellenbandes *Vereinigungen* im Jahre 1911 fachte die Rezeption des *Törleß*-Romans wieder an und rief eine weitere Rezensionswelle hervor. Zweimal, 1907 und 1911, besprach WILHELM HERZOG den Roman. Er nahm den Vergleich mit Wedekind und dessen *Frühlings Erwachen* auf und führte ihn weiter zu einer überzeugenden Abgrenzung Musils von Wedekind:

»Ich habe deshalb so ausführlich über Wedekind gesprochen, weil es mir scheint, daß Musil ein gleiches oder ähnliches Schicksal zu erwarten hat, daß sein Buch eine ähnliche Behandlung erfahren dürfte, wie Wedekinds Kindertragödie. Die ›Gutgesinnten‹ werden gleichwie bei *Frühlings Erwachen* zu konstatieren haben: solche Jünglinge gibt es nicht, so fühlen, so denken, so sprechen junge Menschen nicht.

Robert Musil streitet nicht gegen diese Menschen; das Buch enthält auch nicht die leiseste Polemik gegen reaktionäre Anschauungen, es karikiert nicht, es tritt für nichts ein, es hat gar keine Tendenz.

So unterscheidet er sich schon hierin von Wedekind. Er hat mit ihm – trotz der ähnlichen Motive – im tiefsten Grunde nichts gemein. Wedekinds tragikomische Lebensspiele, seine Grotesken, seine bizarren Einfälle, seine Satire, sein Spott, – sein sprunghaftes Wesen bildet geradezu den entgegengesetzten Pol zu der Ruhe und Festigkeit Musils, zu dieser ganz sachlichen Kunst, die noch ein wenig nach dem psychologischen Seminar riecht, die jedoch nie aufzufallen sucht und nie übertreibt. Das Bedürfnis, den Bürger zu verblüffen, ist ihr fremd.

Musil ist ein Eigener. In einem ungewöhnlich feinen, schlichten persönlichen Stil ist dieses merkwürdige Buch geschrieben. Eine differenzierende Psychologie, die in die dunkelsten Schächte der menschlichen Brust hellseherisch eindrang und die leisesten Schwingungen mit feinhöriger Präzision aufzunehmen vermochte, schuf sich hier eine neue, reine, durchsichtige Form: es entstand ein psychologischer Stil, der gerade für das Besondere, das Absonderliche, für das Anormale, Irreguläre, Chaotische und Perverse das äquivalente Wort, den treffenden kühl-plastischen Ausdruck findet. [...]

Darin liegt der Wert dieses Buches: in dem Sehen von noch nicht gestalteten Zusammenhängen, in dem Erleben ungewöhnlicher, wilder Seelenzustände. Und dieses Sehen und Erleben konnte uns nur ein Mensch zeichnen, der durch all diese Gänge selbst hindurchgegangen ist, der sich selbst so verloren, in ihnen verirrt hatte, und der als ein freier, vorurteilsloser Geist die Kraft hatte hindurchzukommen und die noch größere, liebenswertere, diese Dinge zu gestalten.

1. Die Wirkung zu Lebzeiten Musils

Das Buch gibt die Periode der Erschütterungen. Ohne Bedenklichkeit, ohne zu verteidigen oder anzuklagen. Dieses Buch – wie es da ist – mußte geschrieben werden. Ich weiß nicht von wieviel neueren Büchern man dies sagen könnte.«

Wilhelm Herzog: Robert Musil. In: Das Freie Volk (Berlin). 24. Juni 1911.

In Jakob Schaffners polemischer Kritik sind Ignoranz und Missverständnisse eines reaktionären Kunstverständnisses gegenüber moderner Literatur allgemein und Musils Roman insbesondere auf den Punkt gebracht:

»Hier ist ein Beispiel dafür, was sich mit der deutschen Sprache alles sagen läßt. Es gibt noch genug Romanisten und Französlinge, die sich in der Meinung gefallen, nur die romanischen Sprachen eigneten sich für die Darstellung diskreter und delikater menschlicher Zustände. Sie wissen nicht, wie sehr sich die deutsche Sprache in den letzten zwanzig Jahren verfeinert und differenziert hat; sie kümmern sich auch nicht darum; sie sind einmal auf die romanische Sprachkultur eingeschworen. Musil stellt mit erwählten und zugleich einfachen Sprachmitteln Vorgänge und Verirrungen, Verwirrungen des jungen Mannes im Pubertäts-Zwickel[17], dar. Es ist sein Verdienst und sein Wissen, nicht allein beim sexuellen Moment stehen zu bleiben, sondern gerade davon aus und weiter zu gehen zu jenen mystischen, halbirren und hysterischen Schwingungen, in die die Erschütterungen der physischen Revolution die junge männliche Psyche versetzen. Man hat es hier mit einem Schriftsteller von außerordentlichen Qualitäten zu tun, aber die Qualitäten sind nach innen gezüchtet. Darstellung ist Veräußerlichung eines Innerlichen. Die moderne Kunst ist groß darin, diesen Fundamentalsatz zu vergessen oder zu übersehen. Man meint: mit der Glühbirne eine Niere

---

17 Zwickel: hier: Klemme.

auszuleuchten, das mache ein Kunstwerk. Ein Psychiater kann ein sehr verdienstlicher Mann sein, aber damit ist er noch lang kein Künstler. Der Physiolog[18] erkennt an den leisen Eigenbewegungen und Drehungen der Sonde die Beschaffenheit einer internen Lokalität; ist sie damit dargestellt? Es geht nicht anders: entweder muß man sich zur wissenschaftlichen oder man muß sich zur künstlerischen Darstellung entschließen. Es ist kein Leser verpflichtet, sich gefallen zu lassen, daß ein poetischer Bericht durch kapitellange abstrakte Psychoanalysen unterbrochen wird, die auch wieder imaginär sind und keine Sicherheit geben. Musil mag sich zwischen diesen Gedanken-Gespensterwesen trefflich auskennen; aber es ist ein Fehler, zu denken, daß nun der außenstehende Leser auch Bescheid wissen soll. Komplizierte psychische Situationen sind gut, jedoch sie müssen vor Augen gestellt werden, sonst kommt der Autor am Ende doch um sein Verdienst. Das hat Ibsen[19] auf dem dramatischen Gebiet alles vorgemacht. Nachher verschanzt sich so ein Schriftsteller hinter die Verachtung: das Publikum ist auch gar zu stupid.

Es ist nach Goethe einem Deutschen nicht mehr erlaubt, sich in das Sehnsüchtig-Mystische zu verspinnen. Wenn Musil überhaupt nicht darstellen könnte, so möchte man ihn seiner inzüchtigen Kopf-Brunst[20] überlassen. Aber es sind da gewisse Kapitel von solcher Anschaulichkeit und Direktheit, daß sie den leersten Kopf voll machen können. Diese moderne, pseudomoderne Winkelsucht erinnert sehr an gewisse Stimmungen der Masturbation; im Grunde ist die Energie mittelalterlich und die Methode sophistisch[21].

18 Physiologe: Erforscher der organischen Lebensvorgänge bei Mensch, Tier, Pflanze.
19 Henrik Ibsen (1828–1906), norwegischer Dramatiker. Sein Verfahren, erst im Laufe der Handlung diese aus der Vorgeschichte der Figuren verstehbar zu machen, brachte ihm den Ruf des Geheimnisvollen ein; hierauf bezieht sich Schaffners Feststellung.
20 Brunst: geschlechtliche Erregung bei Tieren.
21 spitzfindig.

Denn nach wie vor: nichts gewisses weiß man nicht. Auch das beste, was Musil gibt, sind dunkle Bilder für dunkle Zustände, poetische Verwirrungen für psychische. Der Mann zieht das Unklare in seine Klarheit herauf. Musil steigt mit seiner ganzen Mannheit in die unmaßgebliche Frage der Sechzehnjährigen hinab. Zu viel Ehre für eine Episode. Die gebildeten Mütter werden nun meinen, sie wissen etwas.«

> Jakob Schaffner: *Verwirrungen des Zöglings Törleß*, von Robert Musil. In: Die neue Rundschau 1911. S. 1769f.

Schaffners Vorwurf, dass er »mit seiner ganzen Mannheit in die unmaßgebliche Frage der Sechzehnjährigen« hinabgestiegen sei, und auch die Polemik gegenüber der Darstellung analytisch-exakten Denkens in der Literatur nahm MUSIL zum Anlass, sich in einer ironisch-witzigen Glosse gegen die verstaubte Enge einer Schaffnerschen Literaturauffassung zu wehren. Unter dem Titel *Über Robert Musil's Bücher* antwortete er Schaffner im Januar 1913 in der Zeitschrift *Der lose Vogel*:

»Gehirn dieses Dichters: Ich rutschte eilig die fünfte Windung in der Gegend des dritten Hügels hinunter. Die Zeit drängte. Die Großhirnmassen wölbten sich grau und unergründlich wie fremde Gebirge am Abend. Über die Gegend des verlängerten Marks kam schon Nacht herauf, Edelsteinfarben, Kolibrifarben, leuchtende Blumen, verstreute Wohlgerüche, Laute ohne Zusammenhang. Ich gestand mir, daß ich bald diesen Kopf verlassen müsse, wenn ich mich nicht einer Indiskretion schuldig machen wolle.
So ließ ich mich nur einmal nieder, um meine Eindrücke zusammenzufassen. Rechts von mir lag die Stelle der Verwirrungen des Zöglings Törleß, sie war schon eingesunken und mit grauer Rinde überwachsen; zu meiner andern Seite hatte ich die kleine, seltsam intarsierte Doppelpyramide der

Vereinigungen²². Eigensinnig kahl in der Linie, glich sie, von einer engen Bilderschrift bedeckt, dem Mal einer unbekannten Gottheit, in dem ein unverständliches Volk die Erinnerungszeichen an unverständliche Gefühle zusammengetragen und aufgeschichtet hat. Europäische Kunst ist das nicht, gab ich zu, aber was täte es. –
Ein verspäteter Literaturgeologe gesellte sich da zu mir; es war ein nicht unsympathischer junger Mann der neuen Schule, der – von der Ermüdung des enttäuschten Touristen befallen – das Gesicht mit dem Taschentuch kühlte und ein Gespräch begann. – ›Unerfreuliche Gegend‹, meinte er; ich zögerte mit der Antwort. Aber er hatte kaum wieder zu sprechen begonnen, als wir durch einen Schriftstellerkollegen unseres Gastherrn unterbrochen wurden, der sich in Hemdärmeln krachend neben uns niederwarf. Ich sah nur noch ein glückliches Lächeln in einem faustgestützten Gesicht glänzen, während der Mensch, ein Anblick tintenfrischer Gesundheit und Kraft, unser Gespräch schon dort aufnahm, wo er es gestört hatte. Von Zeit zu Zeit spuckte er dabei vor sich in eine kleine, zarte Falte der Musilschen Hirnrinde und verrieb es mit dem Fuße.
›Enttäuscht?!‹ schrie er uns an und seine Worte sprangen den Hügel hinunter, ›was hatten Sie sich eigentlich erwartet?! Mich konnte es nicht enttäuschen. An dieser Sache da‹, – er wies mit dem Daumen nach den Verwirrungen – ›ist ja manches talentvoll. Aber schon da stieg Musil schließlich doch nur in die unmaßgebliche Frage eines Sechzehnjährigen hinab und erwies einer Episode unverständlich viel Ehre, die mit Erwachsenen wenig zu tun hat. In den Vereinigungen aber ist die Freude am Verbohren ins Psychologische …‹
Mir war, als müsse ich diesen Einwand schon kennen, vielleicht mochte ich ihn irgendwo gelesen haben; es drängte

22 Musils Buch *Vereinigungen* erschien 1911 und enthielt die beiden Erzählungen *Die Vollendung der Liebe* und *Die Versuchung der stillen Veronika*.

sich mir eine Antwort wie von früher her auf und ich unterbrach seine Rede. ›Der Sechzehnjährige‹, meinte ich, ›ist eine List. Verhältnismäßig einfaches und darum bildsames Material für die Gestaltung von seelischen Zusammenhängen, die im Erwachsenen durch zuviel andres kompliziert sind, was hier ausgeschaltet bleibt.‹«

GW II, S. 995 f.

Unaufgeforderte Unterstützung erfuhr Musil von Kurt Hiller, der aus Schaffners Rezension die »mild-giftigen Worte eines Großonkels« herauslas:

»Da naht Herr Jakob Schaffner, von Basel, und richtet [...] an Robert Musil, ja gar an Heinrich Mann mild-giftig verwarnende Worte eines Großonkels. An ihrer Zerebralität[23] nimmt er Ärgernis. ›Es geht nicht anders‹, bedauerte er, ›entweder muß man sich zur wissenschaftlichen oder man muß sich zur künstlerischen Darstellung entschließen‹; als ob jemand, der das Besondere neuer, geistiger, städtischer, junger Menschenart: die Seelenseite des Problembeschnüffelns, den Gefühlston der Reflexion, das Denken als Erlebnis, gestaltet (etwa wie Musil im *Törleß* das Kant-Erlebnis), darum die Probleme lösen, die Denkinhalte sachlich erledigen wollte; als ob ein Künstler ›wissenschaftlich‹ verführe, wenn er verzwicktere Vorgänge (also die neueren, reizenderen, wichtigeren) statt durch sentimentalen Schmuß durch scharfe Analytik bewältigt.«

Kurt Hiller: Der träumerische Schaffner. In: K. H.: Die Weisheit der Langenweile. Eine Zeit- und Streitschrift. Leipzig: Wolff, 1913. S. 178 f. – Mit Genehmigung der Rowohlt Verlag GmbH, Reinbek bei Hamburg.

Eine völlig neue Perspektive des Sehens und Darstellens in die Literatur gebracht zu haben, bescheinigt dagegen Ernst

---

23 Betonung des Analytischen, Wissenschaftlichen.

BLASS dem Autor. Die Bezeichnung »Entdecker von Neuseelland« für Musil ist von der Sekundärliteratur des Öfteren aufgegriffen worden.

»Der Zögling Törleß lebt in einem Konvikt. Dort ereignen sich die Vorgänge des Musilschen Romans. Man wird ein so unvergleichliches Buch *lesen* müssen; – eine Vorstellung davon zu geben ist beinahe aussichtslos. Die Herausdestillierung der psychischen Essenz ergibt etwas höchst Ungewisses, Gleitendes, Verschwimmendes – mit den Reizen des Ungewissen, Gleitenden, Verschwimmenden. Ein Zwischen den Bezirken-Stehn. Ein genußvolles Umwehtwerden aus nachbarlichen Bezirken. Das Aufreizende liegt darin, daß es irgendwie fremde, unerhörte, neuentdeckte Bezirke sind – und daß es dennoch und trotzdem Heimatsbezirke sind. (Ewiges Gleiten und Wenden ...)
Der Zögling Törleß lebt in einem Konvikt. Mehr sag ich über den Inhalt nicht. Man hat ein so unvergleichliches Buch zu lesen ...
Hat man dies getan, so wird man noch besser verstehen, was es heißt, wenn ich sage: daß Robert Musil ein Entdecker von Neu-Seelland ist; ein Mensch, der durch Urbarmachung, oder besser durch Auffindung neuer Seelenstrecken der alten neue Reize, neue Nahrungen, neue Lebenstriebe gewinnt. Dies aber ist der Zweck aller Kunst: durch Erweiterung des Bewußtseinsgebiets die Seele zu beleben, die sonst im Ewig-Gleichen schnell abgelebt wäre. Das Wachsen des Bewußtseinsgebietes, meinetwegen Neugier, das Hinzulernen ist glattweg der stärkste Lebensreiz. (Das Erotische ist nur eine Zweigart davon.)«

Ernst Blaß: Robert Musils *Die Verwirrungen des Zöglings Törleß*. In: Prager Tagblatt. 7. April 1912.

Nach 1913 trat in der Rezeption des *Törleß*-Romans, soweit sie durch Dokumente belegbar ist, eine Pause ein. Der kaum bekannt gewordene zweite Verlagswechsel – 1914 ging Musil mit seinem Roman zu S. Fischer – war kein Anlass zu neuen Rezensionen. Die nächste Buchveröffentlichung Musils, *Die Schwärmer*, erfolgte erst 1921, sodass sich in der Zwischenzeit auch kaum Anlass bot, über den Autor zu berichten.

Ab 1923 – Musil erhielt in diesem Jahr den Kleist-Preis für *Die Schwärmer* – und dann ab 1931 wurde der *Törleß*-Roman wieder in den Rezensionen, die hauptsächlich den anderen Werken Musils galten, zumindest erwähnt. Inzwischen hatte Musil erneut den Verlag gewechselt und war mit seinem Gesamtwerk zu Rowohlt gegangen. Die 1931 erfolgte Neubearbeitung des Romans fiel den Rezensenten nicht auf.

Die Verwirrungen des Zöglings Törleß selbst wurden entweder abgelehnt oder aber von einer festen Leserschaft als eine Art »Klassiker« angesehen, von dem aus Periodisierungen moderner Literatur möglich wurden und dessen Verständnis kleine Korrekturen nicht mehr zu wandeln vermochten. Ein Beispiel für die Ablehnung des *Törleß*-Romans aufgrund einer engen, alles Neue ausgrenzenden Literaturauffassung liefert ALFRED MADERNO:

»Robert Musils Werke werden durch krankhafte Auswüchse, geile Triebe, für Leser, die dem Expressionismus fernstehen und fernbleiben wollen, ungenießbar, obwohl ihnen gesunde Grundgedanken nicht abzusprechen sind. *Die Verirrungen [!] des Zöglings Törleß*, ein Werk, auf das bereits hingewiesen wurde, könnte ein Buch von der Tragfähigkeit des Romans *Vom Blühen und Verderben* von Heinrich von Schullern[24] sein, wenn es auch ernst genommen werden dürfte. Die obgleich krassen Schilderungen der Umwelt, in der sich die perversen Begebenheiten des Buches abspielen, verleiten ja stark dazu, das Werk als irgendeine Art Doku-

---

24 1865–1955, heute unbekannter Innsbrucker Heimatschriftsteller und Arzt.

ment zu betrachten, aber die Richtung, die ein Dichter einschlägt, bleibt nicht ohne Einfluß auf die Beurteilung seines Gesamtschaffens. Eine ernste Künstlernatur ist Musil eben nicht.«

> Alfred Maderno: Die deutschösterreichische Dichtung der Gegenwart. Ein Handbuch für Literaturfreunde. Leipzig: Gerstenberg, 1920. S. 182.

Im Rückblick OTTO ERNST HESSES erscheint der Roman als entscheidender Einschnitt in die Entwicklung der Literatur: als Beginn der expressionistischen Prosa:

»Der Roman *Die Verwirrungen des Zöglings Törleß*, 1906 bei S. Fischer[25] erschienen, macht den Psychologen bekannt. Er war mehr als Stoff und psychologische Entfaserung von pubertätshaften Umschichtungen: er war der Beginn der expressionistischen Prosa. Diesen Begriff mit Vernunft und jenseits jenes Jargons genommen, den man uns heute als Kunst servieren möchte.«

> Otto Ernst Hesse: Robert Musil. In: Vossische Zeitung (Berlin). 4. November 1923.

Als grundlegend für eine ganze Dichtergeneration sieht WALTHER MICHALITSCHKE das Frühwerk Musils an:

»Der Roman *Die Verwirrungen des Zöglings Törleß*, Musils Erstlingswerk, erschien 1906. Es war ein beträchtlicher Erfolg, besonders dadurch, daß Deutschlands hervorragendster Kritiker, Alfred Kerr, auf den Neuling nachdrücklich hinwies. In diesem Buche gab der Dichter vieles, was später Nachahmung für andere wurde. Im großen Publikum dürfte kaum einer wissen, daß hier – wie auch in den 1911 erschienenen Novellen *Vereinigungen* – ein Grund-

---

25 Der Roman erschien 1906 im Wiener Verlag, 1911 im Georg-Müller-Verlag und erst 1914 im S. Fischer-Verlag.

stock liegt, auf dem später eine ganze Generation weitergebaut hat – den aber auch viele Nachahmer und Mitläufer verwässert haben. Musil selbst besaß und besitzt viel zu viel Selbstkritik und Selbstdisziplin – heute so seltene Tugenden – als daß er den Erfolg seines Talentes ausgenützt hätte auf Kosten der Kunst.«

> Walther Michalitschke: Robert Musil. In: Prager Abendblatt. 28. Juni 1924.

Nach Erscheinen von Musils *Die Schwärmer* erkennt BÉLA BALÁZS ebenfalls rückblickend den Unterschied zwischen der Musilschen »zweiten Wirklichkeit« und Freuds Unterbewusstem:

»Diese Seele, die unter dem Leben wohnt, ist nicht das ›Unterbewußte‹, von dem Freud spricht. Diese ist gar zu gewußt, mächtig gegenwärtig, nur begreifbar ist sie nicht. Sie ist das sichtbare Dunkel, die hörbare Stille. Sie ist die unbegreifliche, aber gewußte und bewußte Dualität, die alle Ereignisse unseres Lebens zu einem oberflächlichen Zufall macht, und welche eben den Menschen ausmacht. Denn – schreibt Musil –: ›Wenn man nicht mehr die Kraft hat, etwas anderes zu sein als man tut, ist man kein Mensch mehr.‹ Irgendwo bin ich es nicht mehr, der handelt, irgendwo nehme ich nicht teil an meinem Leben, irgendwo entkleide ich mich meiner Taten wie fremder Gewänder, und selbst meine innerlichsten, geheimsten Gefühle ziehe ich aus wie ein schmutziges Hemd, darunter erst nackt: ich selbst.«

> Béla Balázs: Grenzen. In: Österreichische Rundschau 19 (1923) S. 346.

In den 1930er Jahren trifft der Roman nicht nur auf literarisch Interessierte. LOUIS P. WOERNER schränkt ihn auf eine Fallsammlung für psychiatrisch Interessierte sowie Kriminologen ein:

»Young Törless is being ›educated‹ in a ›Konvikt‹, because youth there is supposed to be protected against the pernicious influences of city life. Desperate in solitude, this young boy forms friendships, dangerous and filthy. He is corrupted in the very place of sanctification: sexual atrocities, homosexual relations, masochism in its vilest forms; this book is certainly a gross misrepresentation of such community life; it is impregnated with foul air; the degradation of our Zögling, a case for Freudian psychoanalysis, is drawn painstakingly. The book can interest only psychiatrists and criminologists.«

Louis P. Woerner: Robert Musil, Die Verwirrungen des Zöglings Törless. In: Books Abroad (Oklahoma). April 1932.

THOR GOOTE empfiehlt den Roman als eine Art »Aufklärungsbuch« für Erzieher:

»Dieses Buch enthält eine Schilderung der Entwicklungsjahre eines Zöglings einer österreichischen Kadettenanstalt mit vielen Verwirrungen und unerfreulicher Stickluft. Im Mittelpunkt steht die grenzenlose Schinderei eines allerdings auch nicht sehr hochwertigen Zöglings durch seine Mitzöglinge. Ein Pfuhl jugendlicher Unreife und sadistischer Niedertracht, in der von Kameradschaft wirklich nichts zu finden ist. Eine Geschichte, die mit dem Triumph der Hauptschuldigen endet. Sie taugt nicht für Unreife, sollte aber von Lehrern gelesen werden und besonders von Erziehern in Schulinternaten, denn sie gibt manchen Fingerzeig. Die eigentlichen Schuldigen dieses flüssig geschriebenen Romans sind ja die Erzieher, die ihr verantwortungsvolles Amt schandbar leicht genommen haben. Der Warnruf dieses Buches verdient gehört zu werden!«

Thor Goote: Die Verwirrungen des Zöglings Törleß von Robert Musil. In: Der Volksgenosse (Oberursel). 1. April 1935.

Belege dafür, das der *Törleß*-Roman – wie etwa *Der Mann ohne Eigenschaften* – während der Nazizeit auf den Index verbotener Bücher gesetzt worden wäre, liegen nicht vor. In einem Brief vom 18. November 1938 an Viktor Zuckerkandl, damals Lektor im Bermann-Fischer-Verlag, hebt Musil die Bedeutung des *Törleß*-Romans innerhalb seiner Dichtung hervor. Er betont dabei, dass seine Auffassung von Dichtung im Gegensatz zu der herrschenden steht.

2. Die Verfilmung

1966 wurde Musils Roman *Die Verwirrungen des Zöglings Törleß* unter dem Titel *Der junge Törless* von VOLKER SCHLÖNDORFF mit Mathieu Carrière in der Hauptrolle verfilmt; das Drehbuch verfasste Schlöndorff zusammen mit Herbert Asmodi unter Beratung von Wilfried Berghahn, die Musik komponierte Hans-Werner Henze. Schlöndorffs erklärte Absicht war es, die politische Parabel zu verdeutlichen. Ein Auszug aus dem Schluss des Drehbuchs zeigt deutlich die Reduzierung der Themenvielfalt von Musils Roman auf die ethische Dimension:

»Konferenzzimmer. Innen. Tag.
447. *Halbnah. In dem hochgewölbten Konferenzzimmer nehmen außer dem Direktor auch die Lehrer an dem Tisch Platz. Der Direktor drückt auf eine kleine Tischklingel. Die Kamera schwenkt zur Tür, durch die Törless gesetzten Schrittes hereinkommt. Er geht auf den Tisch zu und verbeugt sich leicht. Er wirkt sehr ruhig.*
448. *Amerikanisch. Der Klassenlehrer fragt ihn besonders freundlich, als spräche er mit einem Todkranken.*
KLASSENLEHRER: Können Sie uns sagen, mein lieber Törless, welche Gründe Sie zu ihrem plötzlichen Ausreißen veranlaßt haben?
449. *Groß. Törless schweigt.*
DIREKTOR: Nun gut, wir sind darüber unterrichtet.

450. *Amerikanisch.* Aber sagen Sie uns, was Sie dazu bewog, das Vergehen an Basini zu verheimlichen?
451. *Halbnah. Törless könnte nun lügen. Aber seine Scheu ist gewichen. Es reizt ihn förmlich, von sich zu sprechen und seine Gedanken an diesen Köpfen zu versuchen.*
TÖRLESS: Ich weiß nicht ... Herr Direktor. Als ich das erste Mal davon hörte, schien es mir etwas Ungeheuerliches zu sein.
452. *Halbnah. Törless steht vor dem Tisch.* Einerseits sagte ich mir, man habe in der Schulleitung zu bestrafen. *Der Klassenlehrer nickt Törless befriedigt zu.*
DIREKTOR: So hätten Sie auch handeln müssen.
453. *Nah.*
TÖRLESS: Andererseits interessierte mich das Bestrafen gar nicht. Ich sah die Sache von einem anderen Gesichtspunkt. Es überkam mich jedesmal ein Schwindel, wenn ich ...
454. *Halbnah.*
DIREKTOR: Sie müssen sich deutlicher ausdrücken, mein lieber Törless.
455. *Nah. Törless bereitet es Vergnügen, alles aus sich heraus zu reden.*
TÖRLESS: Zum Beispiel die imaginären Zahlen ...
456. *Amerikanisch. Der Mathematiklehrer hüstelt.*
MATHEMATIKLEHRER: Ich muß da zum besseren Verständnis der dunklen Angaben hinzufügen, daß mich der Zögling Törless einmal aufgesucht hat, um sich eine Erklärung gewisser Grundbegriffe der Mathematik, so auch der Imaginären zu erbitten, die der ungeschulten Vernunft tatsächliche Schwierigkeiten bereiten könnten. *Der Direktor wird bei diesem philosophischen Ausbiegen der Untersuchung bereits ungeduldig.*
457. *Halbnah. Törless, über die Köpfe der Lehrer hinweg.*
TÖRLESS: Ja, ich sagte, daß es mir schiene, als könnten wir an diesen Stellen mit unserem Denken allein nicht auskommen. Wir bedürfen eine andere, innere Gewißheit, und das fühlte ich auch bei der Sache mit Basini.

458. *Nah bis amerikanisch. Der Pfarrer blickt auf.*

PFARRER: Sie fühlen sich also von der Wissenschaft weg zu moralischen, fast göttlichen Gesichtspunkten hingezogen? *Die Kamera schwenkt zum Direktor, der bislang nur angeschnitten im Bild war. Er fühlt sich doch verpflichtet, darauf einzugehen.*

DIREKTOR: Hören Sie, Törless, ist das richtig, was seine Hochwürden sagt? Haben Sie den Hang, hinter den Dingen, wie Sie sich ja allgemein ausdrücken, einen religiösen Hintergrund zu suchen?

459. *Nah.*

TÖRLESS: Nein, das auch nicht.

460. *Halbnah.*

DIREKTOR *braust wütend auf:* Gut, dann sagen Sie uns eben klipp und klar, was es gewesen ist. Wir können uns doch unmöglich mit Ihnen hier in eine philosophische Auseinandersetzung einlassen.

461. *Halbnah, über die Köpfe der Lehrer hinweg.*

TÖRLESS: Ich kann nichts dafür, daß es alles das nicht ist, was Sie meinen. Vielleicht habe ich noch zu wenig gelernt, um mich richtig auszudrücken, aber ich will es versuchen, es zu beschreiben. *Er hat sich aufgerichtet, so stolz, als sei er hier Richter, seine Augen aber gehen an den Menschen vorbei. Die Kamera fährt bis zur Großaufnahme an sein Gesicht.* Basini war ein Schüler gewesen, wie wir alle, ein ganz normaler Mensch. Und plötzlich war er gefallen. Ich hatte wohl schon vorher einmal an so etwas gedacht, an Erniedrigung und Demütigung. Aber erlebt hatte ich es nie. Und mit Basini war es nun geschehen.

462. *Groß. Andere Perspektive.* Ich mußte einsehen, daß es so etwas gibt, daß der Mensch nicht ein für alle Mal geschaffen ist, gut oder böse, sondern wir alle –

463. *Groß. Andere Perspektive. Törless geht gefaßt hin und her. Die Kamera fängt im Folgenden sein Profil von allen Seiten ein.* – uns dauernd ändern. Daß wir nur aus unseren Handlungen bestehen. Daß wir uns aber so ändern können,

wenn wir Folterknechte oder Opfertiere werden, dann ist alles möglich.
464. *Groß.* Dann gibt es keine Mauer zwischen einer guten und einer bösen Welt. Dann gehen beide unmerklich ineinander über. Dann können ganz normale Menschen schreckliche Dinge tun. Die Frage bleibt nur: Wie ist es möglich. Um das zu beobachten, habe ich unsere Sache nicht angezeigt. Ich wollte wissen, wie ist das möglich.
465. *Groß.* Was passiert, wenn ein Mensch sich erniedrigt, oder plötzlich grausam handelt. Früher dachte ich, die eine Welt müßte einstürzen. Heute weiß ich, daß sie es nicht tut.
466. *Groß, von vorn.* Was so entsetzlich aussieht, von weitem so unfaßbar, geschieht einfach. Ganz ruhig und selbstverständlich. Und deshalb hat man sich davor zu hüten. Das habe ich gelernt. *Er schweigt. Er findet es ganz selbstverständlich, nun zu gehen, und niemand hindert ihn daran.*
467. *Nah bis amerikanisch. Als er draußen ist, sehen sich die Zurückgebliebenen schweigend an. Der Direktor ist entschlossen.*
DIREKTOR: Dieser Junge befindet sich in einer so hochgradigen Überreizung, daß der Aufenthalt hier für ihn wohl nicht mehr der geeignetste ist. *Er schreibt etwas auf einen Zettel.* Seine geistige Nahrung muß sorgsamer überwacht werden, als wir es hier können. Ich werde in diesem Sinn an seinen Vater schreiben. *Er steht auf, ebenso die anderen Lehrer. Die Kamera schwenkt zu dem Lehrer mit den Krücken.*
LEHRER: Ein sonderbarer Mensch.
KLASSENLEHRER: Finden Sie?

Schulhof. Außen. Tag.
468. *Total, von oben. Eine Kutsche fährt zum Tor hinaus. Einzelne Gruppen von Schülern stehen herum, sehen dem Wagen nach.*

Straße. Außen. Tag.
Frau Törless hat ihren Sohn abgeholt. Sie sitzt neben ihm im Wagen.

469. *Groß. Das von einem feinen Schleier verhangene Gesicht von Frau Törless. Sie blickt ihren Sohn an, der im Mantel neben ihr sitzt; die Kamera fährt ein Stück zurück (nah bis amerikanisch).*
470. *Total. Das Gespann fährt über die verlassene Straße des Dorfes.*
471. *Nah bis amerikanisch. Törless blickt zum Wagen hinaus.*
472. *Halbtotal. An seinen Augen gleitet das Gasthaus mit seiner Einfahrt vorbei.*
473. *Nah bis amerikanisch. Törless lehnt sich zurück. Er schaut seine Mutter verstohlen an.*
FRAU TÖRLESS: Was hast Du, Thomas?
TÖRLESS: Nichts, Mama, ich dachte nur eben an etwas. *Und er prüft den leise parfümierten Geruch, der aus der Taille seiner Mutter aufsteigt.*
474. *Halbtotal. Die Droschke fährt über das Land, vorbei an dem kleinen Bahnhof – die Kamera schwenkt auf ihn, total –, in dem gerade die Glocke anschlägt und der Stationsvorsteher auf den Bahnsteig tritt, nach dem Zug schaut und wieder zurückgeht. Langsame Abblende, über die hinaus die elegische Musik leise verklingt.«*

> Der junge Törless. Ein Film von Volker Schlöndorff. In: film 7 (1966) S. 56. – Mit Genehmigung von Volker Schlöndorff, Potsdam.

Schlöndorffs Film erhielt mehrere Preise und erregte Aufsehen bei den Filmfestspielen in Cannes. Er trug dazu bei, das Ansehen des deutschen Films international zu rehabilitieren. BRIGITTE JEREMIAS berichtet:

»Außerdem wurde gestern der Film des jungen Volker Schlöndorff *Der junge Törless* nach Musils Roman von 1906 gezeigt. Schlöndorff (26 Jahre alt) ist in vielen Filmen Regieassistent Louis Malles gewesen, er weiß ausgezeichnet Atmosphäre zu schaffen, die einer Kadettenschule des

k. und k. Österreich. Den jungen Törless spielt der Lübecker Mathieu Carrière aristokratisch, zurückhaltend, kompliziert. Leider wurden die dem Roman entstammenden Folterszenen (die Jungen auf dem Lande alleingelassen, von ihren Lehrern geistig nicht wirklich geführt, verfallen auf grausame Spielereien, in denen sie einen mißliebigen Mitschüler teuflisch quälen) von verschiedenen Anwesenden falsch interpretiert. Wieviel Jahrzehnte noch wird man uns, so verständlich das auch ist, zurufen: ›Nazi‹, auch wenn die Thematik jugendlicher Verirrungen einem Roman aus dem ersten Jahrzehnt unseres Jahrhunderts entstammen? Volker Schlöndorff, von Louis Malle assistiert, hielt sich auf der Pressekonferenz prächtig. Man braucht in diesem Jahr, was den Film betrifft, sein Haupt nicht mehr zu verhüllen, als Deutscher in Cannes. Man nimmt in der internationalen Presse zur Kenntnis: Es gibt einen jungen deutschen Film.«

> Brigitte Jeremias: Nicht mehr mit verhülltem Haupt. In: Frankfurter Allgemeine Zeitung. 11. Mai 1966. – Mit Genehmigung der Frankfurter Allgemeine Zeitung GmbH, Frankfurt am Main.

Der Korrespondent des *Spiegel* schreibt:

»Besonders *Der junge Törless* des Regisseurs Volker Schlöndorff bekam internationalen Zuspruch: Die französische Zeitschrift *Les Nouvelles Littéraires* erhoffte für ihn ›einen Preis‹; Mailands *Il Giorno* gab er ›die erste Film-Offenbarung dieses Festivals‹; und der *Corriere della Sera* fand: ›Neben *Mademoiselle* ist *Törless* ... der einzige Film im Angebot von Cannes, der diskutiert zu werden verdient.‹«

> [Anonym:] Große Kunst. In: Der Spiegel. 23. Mai 1966. S. 109. – Mit Genehmigung des Spiegel-Verlags, Hamburg.

Eine Studie zum Thema »Die Macht und ihr Missbrauch« hat Volker Schlöndorff einmal den *Törleß*-Roman genannt.

2. Die Verfilmung

Mit der Einschränkung des Buches auf die Entwicklung dieser Thematik im Film setzt sich MARTIN SCHAUB in der *Neuen Zürcher Zeitung* auseinander:

»Auf das Verhältnis zwischen Musil und Schlöndorff können wir hier nicht näher eintreten, doch sei so viel angetönt: Schlöndorff aktualisiert in seinem Film weniger die individualpsychologischen Züge als die sozialpsychologischen oder politischen. Er hat einen *Törless* gedreht, der erst nach den Konzentrationslagern möglich ist oder: der die bitteren Erfahrungen des Nationalsozialismus nicht vergißt. Es geht Schlöndorff um die Darstellung des Wachsens, der Steigerung und des Mißbrauchs der Macht. Aus dem weitgehend psychologischen Roman Musils wird unversehens eine eindringliche politische Parabel. Wie sich beim Zuschauer, auch bei Zuschauern, die Musil nicht gelesen haben, langsam Erkenntnis einstellt; wie er von Schlöndorff mit sanfter Gewalt zum Kernproblem hingeführt wird, muß später näher untersucht werden. Auf jeden Fall hinterließ dieser Film einen gewaltigen Eindruck. Es gab zwar Leute, die den wachsenden Sadismus nicht aushielten, doch ihr Pfeifen entsprang wohl einem bedauerlichen Mißverständnis: sie unterschieden – wohl weil der Film so stimmungsstark ist – nicht mehr zwischen dem Dargestellten und der eindeutigen Haltung des Autors. Es würde uns nicht wundern, wenn ein paar naive Kritiker Schlöndorff zum Nazi zu machen versuchten.«

Martin Schaub: Das 20. Festival von Cannes. In: Neue Zürcher Zeitung. 14. Mai 1966.

KURT HABERNOLL äußert sich kritisch:

»Während der Gala-Vorstellung des von den Franzosen extra eingeladenen Erstlingsfilms *Der junge Törless* von Volker Schlöndorff sprang Herr von Tichowitz, Kulturattaché der deutschen Botschaft in Paris, plötzlich auf und rief empört: ›Als Leiter der deutschen Delegation verlasse ich unter Protest den Saal. Der Film ist unmöglich!‹ – und verließ spornstreichs das Festspielpalais. Herr von Tichowitz hat – wenn wir uns recht erinnern – vor Jahren in Cannes gegen die Vorführung des Konzentrationslagerfilms *Nacht und Nebel* von Alain Resnais protestiert. Warum jetzt gegen den *Törless*? Nun, ihn hatte eine sadistische Szene gereizt, in der eine weiße Maus von Schülern gemein gequält wird.

Für den Regisseur war diese und einige andere sadistische Szenen notwendig, weil er auch optisch nachweisen wollte, zu welchen Rohheiten Menschen fähig sind. Für ihn ist Robert Musils Roman *Die Verwirrungen des Zöglings Törless*, der seinem Film zugrunde liegt, eine Parabel auf die Nazizeit. Die beiden Schüler, die einen schwächeren quälen, sind für ihn Repräsentanten der Diktatur, der von jenen erniedrigte Basini ist für ihn ›der Jude‹, der intelligente Schüler Törless, der die Gemeinheiten geschehen läßt, verkörpert für Schlöndorff ›das deutsche Volk‹. Uns erscheint solche Konstruktion fragwürdig, zumal sie vom normalen Kinopublikum kaum so begriffen wird.«

> Kurt Habernoll: Aufwind in Cannes. In: Vorwärts. 18. Mai 1966. S. 22.

In der Genauigkeit des Atmosphärischen, insbesondere der »aus einer genau fixierten Realität entrückte[n] Landschaft« und der Hell-Dunkel-Metaphorik der Orte bezogen auf die Stimmungen und Gefühle der handelnden Personen, sieht ERNST WENDT den Vorzug der Schlöndorff-Verfilmung.

»Der Film beginnt, während in diskreten Lettern Titel und Stab ablaufen, mit einer Totale. Eine ausgebleichte, konturenlose Landschaft, flach und langweilig hingestreckt bis irgendwo am Horizont. Der langsame Schwenk bringt zunächst nichts Neues zu Gesicht, nur vertrockneten Boden, farblose Ödnis. Fast ein Niemandsland. Dann, wenn ein

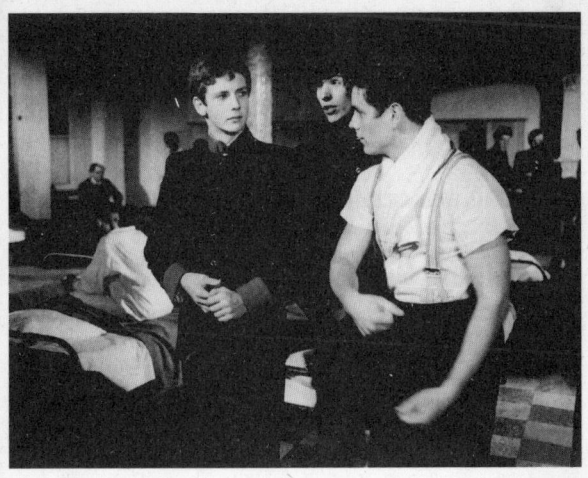

Mathieu Carrière (links) in Volker Schlöndorffs *Der junge Törless*

Viertelkreis ausgemessen ist, folgt der Blick schnurgerade einem dem Horizont zulaufenden Schienenstrang, von dem man meint, er müsse endlos so weiter gehen. (Der lakonische Satz in Musils Roman lautet: ›Eine kleine Station an der Strecke, welche nach Rußland führt.‹)

Die Station, ein einsames Gebäude, kommt in den Blick, wenn die Kamera einen weiteren Viertelkreis ausgeschwenkt hat. Der Vorsteher tritt aus der Tür, genau wie Musil es in einem plastischen Bild vorgeschrieben hat: ›so wie die Figuren kommen und gehen, die aus alten Turmuhren treten, wenn die Stunde voll ist‹. Er zieht eine Taschenuhr hervor. Schnitt und erste Großaufnahme: diese Uhr, eine Hand und ein Zifferblatt, dann wieder der Mann, hochblickend zur Uhr der Station, vergleichend. Danach

erst kommen plötzlich die Menschen ins Bild, die neben dem Schienenstrang auf einem schmalen Streifen auf und ab gehen [...].
Schlöndorff hat den Musil bei seinen Worten genommen. Er hat mit Empfindsamkeit aus der ersten Druckseite des Romans aufgespürt und ins Bild gesetzt, was später nicht mehr nachzuholen wäre: die aus einer genau fixierten Realität entrückte Landschaft, das flache und zeitlose Nirgendwo. Keine erfundene Landschaft – man weiß, daß sie nahe der österreichisch-ungarischen Grenze liegt –, aber eine, die sich durch die kalte Genauigkeit der Beschreibung – wie bei Kafka – entwirklicht. ›Gegenstände und Menschen‹, heißt es gleich im dritten Absatz des Buches, ›hatten etwas Gleichgültiges, Lebloses, Mechanisches an sich, als seien sie aus der Szene eines Puppentheaters genommen.‹ Schlöndorff mißt eine Landschaft aus, die wie mit Reif kalt überzogen scheint, und Menschen, die sich starr auf und ab bewegen.
Gleich die nächsten Bilder verweisen auf die erotischen Beunruhigungen des Knaben Törleß. Freiheit und Arglosigkeit der Jugend zunächst – graue Totalen, während die Zöglinge spielerisch über die Ebene, über Äcker laufen. Aber ihnen ist gleich ein erster begehrlicher, von der eigenen Unruhe bedrückter Blick des Törleß auf eine Magd kontrastiert, die sich vor ihm auf dem Felde bückt. Die Sprünge der Jungen, ihr stolperndes Laufen, haben – vor dem bleigrauen Hintergrund – wieder etwas seltsam Unwirkliches. Die Szene ist auf sehr spröde Weise melancholisch, bleischwer scheinen die Bewegungen, so jugendlich übermütig auch ihr Gestus sein mag.
Kurz darauf zieht man ein in die Straße des kleinen Ortes, grau verstaubte Leere, darin ein paar Leute wie beziehungslos herumstehen, und an den Rändern niedrige Puppenhäuser. Die Bewegung des Laufens ist jetzt in ein gleichmäßig glattes Ausschreiten übergegangen, die Kamera folgt dem Törleß halbnah in einer Fahrt die Straße entlang und zieht

2. Die Verfilmung

dann, in Zwischenschnitten, zu uns heran, was seine unruhigen Augen aufspüren. Eine junge Frau in der dämmrigen Mitte eines Raumes: der Blick geht langsam am Fenster vorbei, die Frau steht unbewegt da wie ›ausgestellt‹. Dann ein schweifender Blick in eine schmale Hofeinfahrt, dahinter wieder eine kurz hochblickende junge Frau, die sich über einen Waschtrog herabgebückt hat. Diese Folge irritierter, begehrlicher Blicke wird abgeschlossen durch das mechanisch vorbeiziehende Bild einer Schlachterei, darin ein Metzger aus dem herabhängenden aufgerissenen Körper einer Kuh gerade bedächtig die Eingeweide pult. Gegen Ende des Films wird ein Menschenkörper, blutig geschlagen, in derselben Haltung von der Decke einer Turnhalle herabhängen.

Das zweite Motiv – die verletzende Rohheit, der zerstörerische Sadismus der Jugend wird ins Bild gebracht. Eine der nächsten Sequenzen zeigt – ohne sich zuvor auf eine Totale des Klassenraums einzulassen – eine Folge von gebeugten Rücken, mürrisch gelangweilten Gesichtern. Flüstern dazu, dann plötzlich ein Löschblatt, auf dem eine Fliege, schon ›angeschlagen‹ und nicht mehr fähig, sich davonzumachen, verzweifelt der spitzen Schreibfeder eines Schülers zu entkommen sucht. Der zieht einen Kreis um sie herum, und dann zerdrückt er sie bedächtig. Gegen Ende des Films wird man rings um einen der Schüler einen Kreis aus Menschen bilden, der so unbarmherzig ist wie dieser von der Feder gezogene. Bevor am Schluß dieser Szene dann zum erstenmal der Lehrer ins Bild kommt, ein auf zwei Krücken humpelnder verbitterter Mensch, verirrt sich Törleß' Blick zu einigen an der Wand hängenden Bildern, Motiven aus der Antike, Bewegung nackter Körper.

Es ist der nämliche Blick wie am Kaffeetisch des Gasthauses in einer Szene wenig später. Die Bedienerin, ein junges hübsches Mädchen, säubert stumm den Tisch, packt Tassen und Milchkännchen auf ein Tablett. Törleß sitzt da, als hätte er einen Stock verschluckt. Es scheint, er wagt sich kaum

zu rühren und kaum zu atmen, solange dieses Mädchen sich zum Greifen nah neben ihm bewegt und mit mechanischer Selbstverständlichkeit, die ihm jedoch als aufreizende Langsamkeit erscheinen mag, ihre Arbeit verrichtet. Der stockende Blick, der sich auf ihren nackten Arm heftet und die Hände verfolgt, die Irritation, als sie gar eine Tasse fallen läßt und sich nah neben dem Tisch bückt. Törleß' dumpfe, noch unartikulierte erotische Sehnsucht, die verwirrte Entdeckung der Geschlechtlichkeit und das qualvoll verschämte Bewußtsein eigenen ziellosen Verlangens ist in solchen Bildern stumm und schön formuliert. [...]
Schlöndorffs Film weitet sich am Ende zur politischen Parabel. Er beweist einen Satz, eine jener über den Text verstreuten Bemerkungen, in denen Musil sich selbst kommentiert: ›Törleß hingegen wurde von diesen Dingen gleichgültig gelassen. Er besaß daher auch kein Geschick in ihnen. Dennoch war er mit in diese Welt eingeschlossen und konnte täglich vor Augen sehen, was es bedeute, in einem Staate – denn jede Klasse ist in einem solchen Institut ein kleiner Staat für sich – die erste Rolle innezuhaben.‹ Törleß gewinnt am Ende seine Gleichmütigkeit zurück, er geht hindurch durch die Verwirrungen, befreit sich von ihnen zu einer kühlen Gelassenheit, der alles, was war, in der Erinnerung weit wegsinkt. Er wird – kein Zweifel – der Mann ohne Eigenschaften.«

Ernst Wendt: Ein Jugendbildnis. In: film 5 (1966) S. 16–19.

Von der Musil-Forschung wurde der Film zunächst weitgehend ignoriert. Unter dem Aspekt der originalgetreuen Literaturverfilmung gesehen, wurde er zudem von KARL CORINO polemisch abgelehnt:

»Vor einiger Zeit erfuhr der erstaunte Kinobesucher in der Bundesrepublik, daß die Renaissance des deutschen Films kurz bevorstünde: in der Wochenschau sah man Berichte von den Dreharbeiten zu dem Film *Der junge Törleß*. Man wurde vor allem auf Volker Schlöndorff, Drehbuchautor und Regisseur in einer Person, und den Hauptdarsteller, Mathieu Carrière, aufmerksam gemacht; Mathieu Carrière, der schon den Tonio Kröger in Thomas Manns gleichnamiger Novelle gespielt hatte: sicherlich ein leichteres Werk als Musils Erstling und eine leichtere Rolle! Aber Bedenken des Zuschauers wegen der Schwierigkeit des Schlöndorffschen Unternehmens wurden schnell mit Vorschußlorbeeren zugedeckt.

report (›aus Film und Fernsehstudio‹) kann man entnehmen, daß Schlöndorff ›genau den Intentionen Musils‹ folgt. ›Er verfilmt Musil nicht buchstabengetreu. Eine derart sklavische Abhängigkeit würde eine werktreue Verfilmung nur behindern. Er filmt 'im Geiste' des Romans. Er versucht das, was Musil durch das Medium der Sprache ausdrückt, optisch zu gestalten.‹

Aus den Äußerungen Schlöndorffs geht eindeutig hervor, was er für den Geist des Romans hält: ›Die Geschichte selbst ist der Archetypus eines Machtverhältnisses, eine Studie zum Thema 'Die Macht und ihr Mißbrauch'‹ (*report*). Damit ist klar, daß Schlöndorff Musils Buch auf *eine* Tendenz getrimmt hat: die politische. Vielleicht stützt er sich dabei auf jene Notiz des Autors, daß im *Törleß* die Triebgrundlagen des Dritten Reiches vorweggenommen seien. Wenn Musil rückblickend diesen Aspekt in seinem Werk zusätzlich entdeckt, so heißt das nicht, daß ›Die Macht und ihr Mißbrauch‹ oder ›Die Schuld der Mitläufer‹ der Hauptnenner des Buchs für ihn geworden war.

Man kann nicht leugnen, daß auch Kunstwerke Geschichte haben, daß sie sich im Lauf der Zeit vielleicht sogar objektiv verändern – konkret; daß der Terror des Dritten Reiches die Problematik im *Törleß* verändert hat und daß die Fragen, die Törleß beschäftigen, hinter solchen der Gruppendynamik zurücktreten. Aber kann man die Intentionen, die der Autor hegte und die auch in seinem Buch Gestalt geworden sind, ganz außer acht lassen: die ›metaphysische Erotik‹ Törleß', von der Eithne Wilkins und Ernst Kaiser[26] sprechen, eine Erotik, ›die sich auf alle Erscheinungen bezieht, die in Törleß' Bewußtsein treten‹, die Mutter-Sohn-Beziehung, die zu dieser Erotik zu gehören scheint, der doppelte Blick des Helden, der die Dinge mit den Augen des Verstandes und mit den Augen des Gefühls sieht, die an Hofmannsthals Chandos-Brief erinnernde Sprachproblematik, auf die das Motto (nach Maeterlinck) schon so eindringlich hinweist? Machen nicht diese Komplexe auch den Geist des Romans aus, und wenn das der Fall ist, warum wurden sie dann nicht optisch gestaltet?

Nun kann man antworten, daß einige der oben genannten Phänomene auf der Leinwand nicht sichtbar gemacht werden können. Für die Sprachthematik sei das zugegeben; man kommt hier an die Grenzen des Films. Doch kann man sich des Eindrucks nicht erwehren, daß die Regisseure einfach die Anstrengung scheuen, Gedanken und Gefühle in Bilder umzusetzen. Vielleicht fehlt es ihnen auch an Phantasie. Jedenfalls zog es Schlöndorff vor, mit der ihm zur Verfügung stehenden Imagination Musils Werk zu drapieren, anstatt das in der Sprache (manchmal abstrakt) Ausgedrückte auf der Leinwand anschaulich zu machen.

Es zeigt sich immer wieder, wie wenig Schlöndorff vom Geist des Buches begriffen hat. Sonst hätte er merken müssen, daß das ganze Gebäude ins Wanken gerät, wenn man nur einen einzigen Baustein ändert. Das eben ist ein Zeichen für die Qualität eines Kunstwerks. Beginnen wir beispielshalber mit dem Anfang – sogar Schlöndorff tut das, was nicht selbstverständlich ist, wenn man eine Anzahl von Romanverfilmungen kennt. Man freut sich also, aber

26 Englisches Forscherehepaar, das in den 1950er Jahren mit seiner Kritik an Adolf Frisés Ausgaben des Musilschen Werkes eine heftige Forschungskontroverse auslöste.

2. Die Verfilmung

die Freude währt nicht lange, denn der Bahnhofsvorstand, der von Zeit zu Zeit, ›in gleichen Intervallen‹ aus einem Amtszimmer heraustreten, ›mit der gleichen Wendung des Kopfes‹ nach den Signalen sehen, ›mit ein und derselben Bewegung des Armes‹ seine Taschenuhr hervorziehen und kopfschüttelnd verschwinden soll, verweigert Musil den Gehorsam. Man ist zunächst geneigt anzunehmen, daß die Wiederholungen der Szene der Schere eines nicht ganz informierten Cutters zum Opfer gefallen sind, glaubt dann aber bald nicht mehr an den Irrtum untergeordneter Stellen.

Wenn man die Essenz des Buches hätte vermitteln wollen, hätte man auf eine Repetition nicht verzichten dürfen. Man hätte die Figuren einblenden können, ›die aus alten Turmuhren treten, wenn die Stunde voll ist‹, an die das Kommen und Gehen des Bahnbeamten erinnert. [...]

Hier berühren wir ein grundsätzliches Problem, nämlich das, ob ein Film, der auf der Höhe seiner literarischen Vorlage sein will, die dichterische Metaphorik unterschlagen darf. Was nämlich literarische Texte von der Alltagssprache scheidet, ist die Art und Weise, wie die Metapher und der Vergleich in ihnen gehandhabt werden. Die *uneigentliche* Rede des Dichters ist oft die eigentliche, sie deutet das Geschehen oder verdeutlicht es zumindest. Die Egalisierung und Ausmerzung der Metaphorik ist oft eine Reduzierung der Vorgänge vom Sinn auf das Factum brutum. Ein Regisseur mit Ambitionen sollte überlegen, ob er bei der Verfilmung eines literarischen Kunstwerks die dichterische Metapher, die nicht umsonst auch als *Bild* bezeichnet wird und schon in der Sprache ein optisches Element ist, nicht transformieren kann in das Medium des Films. Das soll nicht heißen, daß man Bücher Wort für Wort ins Visuelle übersetzen muß, aber an zentralen Stellen (z. B. am Anfang des *Törleß*) wäre ein solches scheinbar pedantisches und banausisches Verfahren angebrachter, als es sich diejenigen träumen lassen, die nichts als die Eigengesetzlichkeit des Filmes im Munde führen. Mitunter ist das Selbstverständliche und Naheliegendste das Richtige – und Originelle!

> Karl Corino: Die Verwirrungen des Debütanten Schlöndorff. Zur Verfilmung von Robert Musils Roman *Die Verwirrungen des Zöglings Törleß*. In: Wort in der Zeit (1966) H. 2. S. 63–65. – Mit Genehmigung von Karl Corino, Bad Vilbel.

Inzwischen ist dem Film von Seiten der Forschung etwas mehr Aufmerksamkeit widerfahren: Er wurde in den 1980er Jahren auf verschiedenen Musil-Symposien gezeigt und diskutiert, so in Saarbrücken, Brüssel und New York. Im Sonderheft der literaturdidaktischen Zeitschrift *Der Deutschunterricht* zum Thema Literatur und Film wird er von Jürgen Wolff als »Beispiel für eine sehr textgetreue [...] Literaturverfilmung« genannt. Wolff bezieht sich dabei auf die Kriterien: »Bild-Text-Relation«, »Probleme der Überführung innerer Vorgänge in das filmische Bild« und »filmisches und literarisches Erzählen«.[27]

Jürgen C. Thöming hat kritisch überprüft, ob die Schlöndorff zugeschriebene Reduzierung des Romans auf eine politische Parabel gelungen ist oder nicht, und zeigt, wo sich seiner Meinung nach durch die Überlagerung verschiedener Absichten Irritationen ergeben:

»Es sind zu unterscheiden der Kurzroman Robert Musils von 1906 *Die Verwirrungen des Zöglings Törleß* und ein 60 Jahre später entstandener Film *Der junge Törleß*, der *mehrere* Motive und *einen* parabolischen Hauptstrang von Musil übernimmt.
Musil schildert als vielleicht erster in der europäischen Literatur in detaillierter Intensität und zwingender poetischer

---

27 Jürgen Wolff, »Dokumentation der Literaturverfilmungen (16-mm-Fassungen) und ihrer Bezugsquellen«, in: *Der Deutschunterricht* 33 (1981) H. 4, S. 103.

Form das Fühlen und Denken eines Heranwachsenden. In diesem Bereich möchte ich ihm Karl Philipp Moritz mit *Anton Reiser* voranstellen und Marcel Proust mit der Schilderung des heranwachsenden Marcel in *Jean Santeuil* und *À la recherche du temps perdu* folgen lassen: Rilkes Malte Laurids Brigge (1910) und Thomas Manns Tonio Kröger (1903) sind sehr viel kleinere Brüder.

Die andere literarische Entwicklungslinie, auf die Schlöndorff fast ausschließlich abhebt, darf ich hier mit Robert Minder[28] skizzieren […]. Die markanten europäischen Jugendleben- und Kadettenanstalt-Beschreibungen dokumentieren modellhaft die Herrschaftspraktiken der regierenden Schichten: Lesskows *Kadettenkloster*, Dostojewskis *Memoiren aus einem Totenhause*, Rilkes *Turnstunde*, Hesses *Unterm Rad*, Schnitzlers *Leutnant Gustl*, vorher Shelley, Varianten: Cocteaus *Les Enfants terribles* und Gides *Faux Monnayeurs*. Zwei österreichische Autoren sind hinzuzufügen: die mit entschiedener Radikalität und höchster Sprachkraft geschriebenen Bücher Thomas Bernhards über seine Jugend, z. B. *Die Ursache*, und Josef Winklers durchlittene Homosexuellen-Welten in *Kärntner Trilogie*.

Die herrschende Schicht sperrt ihre Herrschaftskronprinzen ein in Bagnos, in Terror-Zuchtanstalten, um sie vom geistigen und künstlerischen Leben der eigenen Zeit zu entfernen; vom geistigen und künstlerischen Leben der Metropolen-Gymnasien und der Avantgarden, die möglicherweise das Humane gegen die Herrschenden verteidigen und ›lockende Vorbilder‹ (Musil) glücklicheren Lebens schaffen. Utopiedenken, Glücksbedürfnis in gesellschaftlichen Relationen werden so von den Heranwachsenden abgehalten. Ihre Identitätsfindung wird auf halbem Wege unterbrochen, auf der analen Ebene festgehalten, zu herrschaftsnützlichem Sadismus umgebildet. Erprobender Lebensvollzug in natürlichen peer-groups wird unterbunden, hier besonders das

---

28 Vgl. S. 148–154.

partnerbezogene Kennenlernen der eigenen noch undeutlichen erotischen Bedürfnisse durch freiwillige, wechselbare Freundschaften. Natürliche Freundschaften werden verhindert und durch herrschaftstrainierende Kameraderien, Kumpaneien ersetzt. Der von der Justiz nicht gedeckte Mord des preußischen Königs an Katte, um die Persönlichkeit des Kronprinzen zu brechen,[29] hat hier für Jahrhunderte ein Zeichen europäischen Herrschaftsterrors gesetzt.

Es war diesem System nützlich, um die Jahrhundertwende die positivistische Vernunft einerseits und die Faszination durch emotionale, durch ästhetische Erfahrungen auseinandertreten zu sehen. Schlöndorff schafft zur Veranschaulichung solcher Krisensituation das Modell einer ›totalen Institution‹ durch die autoritäre Organisation des Erziehungsinternats. Die solchen Herrschaftsformen entsprechenden Psychostrukturen werden durch die Filmfiguren vorgeführt. Der Zusammenhang von Gewalt, Masochismus, Sadismus, Sexualität mit Abhängigen findet sich hier, wie er als Konstante militaristischer und faschistischer Herrschaft erlebt worden ist. Klaus Theweleit hat diese Zusammenhänge in *Männerphantasien* in schöner erzählender Form wissenschaftlich abgeleitet. Diese Parabel hat Schlöndorff forciert demonstrieren wollen. Sie mag ihm gelungen sein mit dem Gesamtschema und der Raumsymbolik sowie mit den sadistischen Diktatorfiguren Beineberg und Reiting und ihrer banalen mystischen Ideologie; mit Törleß und Basini überhaupt nicht, nach meiner Auffassung. Dennoch bleibt die Carrière-Törleß-Figur außerhalb der Parabel die interessanteste Film-Figur:

Das Denken dieses Jungen ist noch nicht gezügelt, das Fühlen ist noch nicht schematisiert und europäisch geprägt.

---

29 Hans Hermann von Katte (1704–30), Jugendfreund Friedrichs des Großen. Da Katte Mitwisser der Fluchtpläne des Kronprinzen war, diesen aber nicht verraten hatte, wurde er von Friedrich Wilhelm I. zum Tode verurteilt und zur Abschreckung des ebenfalls gefangen gehaltenen Kronprinzen vor dessen Augen enthauptet.

2. Die Verfilmung

Geschieden ist noch nicht Homosexualität und Heterosexualität; geschieden ist noch nicht durch ethische Sensibilisierung die Lust, die atavistische, am Quälen anderer Lebewesen und die Lust der zärtlichen Vereinigung zwischen Lebewesen. Wir sind schockiert, daß Törleß angesichts der Schauerrituale und Menschenversuche eine Art sexueller Befriedigung empfindet beim Zusehen. Die Sinnlichkeit ist offensichtlich durch Erziehung, Beeinflussung, Kanalisierung in einem erschreckend hohen Maße prägbar während der Sozialisation; Sinnesfreuden – Zentrum menschenwürdigen Lebens – sind pervertierbar ins Gegenteil, in menschenschädigende Aggresssionen.

Musils Gestalten sind bei Schlöndorff nicht wiederzuerkennen; am ehesten vielleicht der sinnlich frivole Beineberg mit den hübschen Händen. Musils schöner, lüstern machender Basini ist hier ein schmollendes Dickerle mit Dialektsprache geworden. Die ärmliche Land-Prostituierte ist nur noch eine schnuckelige Bardame, und Törleß selbst zeigt eher die von Musil dem Basini zugeschriebene Knabenhübschheit mit verträumt unterkühlter Pubertätsarroganz. Mathieu Carrières fragil apartes Spiel fällt im nachhinein um so mehr auf, wenn man ihn ein Dutzend Jahre später in Falladas Berlin-Roman im Fernsehen[30] oder bei den Segeberger Karl-May-Festspielen als ausgewachsenen Mann hat spielen sehen.

Dieser entzückende Mathieu Carrière bringt Schlöndorffs Parabelabsichten ins Wanken. Er repräsentiert noch eher Thomas Manns Tonio Kröger, den er vorher gespielt hat. Dieses Ausspielen ästhetischer Einstellungen bei Personen und Landschaften, Architektur und Interieurs verwischt die Parabelklarheit, ohne vielleicht Musils übrige Themen recht vermitteln zu können. Die Wirklichkeit der heutigen Diktatoren ist in allem 1000mal schlimmer als die Tierquälereien und Kameradenquälereien im Film. Politisierte Ge-

---

30 *Ein Mann will nach oben* (Regie: Herbert Ballmann).

126 V. Dokumente zur Wirkungsgeschichte

Szenenfoto aus Volker Schlöndorffs Film *Der junge Törless*

walt läßt sich visuell anscheinend nicht mehr darstellen, so wenig wie Tod und Hunger. [...]
Ich werfe einen Blick auf die Machart des Films anhand der ersten 34 Einstellungen:
Das immergleiche, trostlose, suizidfördernde Leben der feudal-bürgerlichen Herrschaft zeigt sich in Bildern einer weltverlassenen Bahnstation am Rande östlicher Steppenweiten, in der heuchlerischen Heiterkeit der Gruppe am Bahnhof. Banal räsonnierend der Hofrat mit den zukünftigen Kumpanen, schweigend und leidend die Liebespartner Mutter und Sohn. Die Musik in Moll modulierend, in Largo-Passagen trauernd.
Einstellungen 16 bis 34 Kontrast: ländliches bäuerliches Leben repräsentiert einerseits natürliche sinnliche Bedürfnisse der Menschen und auch des Törleß. Andererseits zeigt sich

pervertiertes Leben durch Herrschaftsmißbrauch: die zukünftigen Herren außer Törleß kühlen ihr Mütchen, sie zwingen eine ältere Frau buchstäblich in die Knie. Sie lernen ihre Erotik nicht anders kennen denn in Demütigungshandlungen. Musils Jäger- und Schlächtersymbolik im Zusammenhang mit Frauenumgang wird von Schlöndorff aufgegriffen: ein Tier wird ausgeweidet; aus *Tonka* kennen wir so etwas, Agathe wirft diese Haltung dem Mann ohne Eigenschaften vor, und welcher Proust-Leser dächte nicht an die geschlechtliche Erregung des Marcel, während die alte Françoise Hähne und Hühner liebevoll ausweidet; so sanft und achtsam stülpen die *Fischer auf Usedom* in Musils *Nachlaß zu Lebzeiten* die Regenwürmer über die Angelhaken.

Meine These: die melancholisch ästhetisierende Grundhaltung der Bilder und der Musik stellt Schlöndorffs politische Parabel stark in Frage, sie stimmt nur für Beineberg und Reiting. Basini kann nicht im geringsten für die Opfer des Faschismus stehen und Törleß nicht für die Mitschuld der Deutschen und Österreicher. Solche Kleinmodelle eher privater zwischenmenschlicher Verhaltensweisen mit ihren Pervertierungsgefahren wie bei Musil – wie auch etwa in Max Frischs *Andorra* – sind meines Erachtens nicht übertragbar auf historische Massenbewegungsphänomene wie Nationalsozialismus.«

> Jürgen C. Thöming: Anmerkungen zu Schlöndorffs *Törleß*-Film. In: Musil-Forum 7 (1981) S. 191–193. [Vom Autor für diese Ausg. überarb.] – Mit Genehmigung von Jürgen C. Thöming, Dresden.

3. Die Aktualität

Das von Musil (nach eigenen Aussagen) unbeabsichtigt Mitgestaltete, der Stoff bzw. die Geschichte der Zöglinge, hat mehr als die anderen Themen zur Identifikation und

Betroffenheit von Lesern beigetragen, dies über fast hundert Jahre und mehrere Generationen hindurch. Dabei wurden sowohl die Entwicklungsstudie des jugendlichen Bewusstseins auf die eigene Zeit übertragen als auch die Tyrannen der eigenen Zeit wiedererkannt.

Unter dem Eindruck des Nationalsozialismus richtete sich die Betroffenheit vor allem auf die Musil zugeschobene Vision einer kommenden Diktatur. Der französische Germanist ROBERT MINDER schrieb 1962:

»Stellen wie die folgende wiegen die späteren psychiatrischen Gutachten auf, decken sich mit den Geständnissen von KZ-Leitern.
Basini, das Opfer, berichtet Törless über seinen sadistischen Peiniger Beineberg:[31]
›Ja, er ist sehr freundlich zu mir. Meist muß ich mich ausziehen und ihm etwas aus Geschichtsbüchern vorlesen; von Rom und seinen Kaisern, von den Borgias, von Timur Chan ..., na, du weißt schon, lauter solch blutige, große Sachen. Dann ist er sogar zärtlich gegen mich ... Und nachher schlägt er mich meistens ...‹
'Wonach?!! ... Ach so!'‹ [...]
Musil nimmt nicht nur die Welt von 1933, sondern auch die von 1945 vorweg. Die Sadisten zeigen sich als Meister im Vertuschen der Verbrechen.
›Sie wälzten alle Schuld auf Basini, und die ganze Klasse bezeugte es Mann für Mann, daß Basini ein diebischer, nichtswürdiger Kerl sei, der den wohlmeinendsten Versuchen, ihn zu bessern, nur mit neuen Rückfällen antwortete.«‹

Robert Minder: Kadettenhaus, Gruppendynamik und Stilwandel von Wildenbruch bis Rilke und Musil. In: R. M.: Kultur und Literatur in Deutschland und Frankreich. Fünf Essays. Frankfurt a. M.: Insel Verlag, 1962. S. 81 und 83. – © 1962 Insel Verlag, Frankfurt am Main.

---

31 Verwechslung Minders, gemeint ist Reiting; Zitat aus D.V.d.Z.T., S. 143 / GW II, S. 101.

3. Die Aktualität

Auch GÜNTER BIEN spricht von einer »Vorwegnahme späteren Denkens und Handelns«:

»Die Wertskala, die hier [Beineberg über Basini, D.V.d.Z.T., S. 81 ff. / GW II, S. 58 ff.] aufgestellt wird, erinnert schon an Wendungen vom ›unwerten Leben‹, die nach 1933 geläufig werden. Beineberg und Reiting dürften um 1933 etwa 40 Jahre alt gewesen sein, und so verwundert es nicht, wenn alle Interpreten in diesen Gestalten, ihrem Denken und Agieren eine Vorwegnahme späteren Denkens und Handelns sehen.«

> Günter Bien: Das Bild des Jugendlichen in modernen Dichtungen. In: Der Deutschunterricht 21 (1969) H. 2. S. 10.

Als Peter Härtling verschiedene Schriftsteller dazu einlud, Leben und Geschichte ihrer Lieblingsfiguren aus der Weltliteratur nach eigener Vorstellung weiterzuerzählen, wählte JEAN AMÉRY Musils Törleß. Das weitere Leben des Herbert Törleß, der bei Améry Mitglied der NSDAP geworden ist und »mittelmäßige« kulturpolitische Artikel verfasst hat, wird rückblickend aus der Sicht zweier ehemaliger Mitschüler von Törleß erzählt. Améry, selbst KZ-Häftling, beging im Oktober 1978 Selbstmord.

»– Natürlich habe ich von der Basini-Affäre gewußt, es wurde ja genug geredet, vor und nach Törleß' Abgang von der Kadettenanstalt. Sie war ja, so schien mir damals, keineswegs die einzige ihrer Art bei uns. Was du mir aber jetzt sagst darüber, ich meine: den genauen Hergang, das war mir unbekannt, glücklicherweise. Es ist, wiewohl Jahrzehnte dazwischenliegen, noch heute penibel, dergleichen anzuhören. – Er hat dir die ganze ekelhafte Geschichte erst kurz vor seinem Tode erzählt?
– Andeutungen machte er schon vorher dann und wann, als ich ihn auf manchen Stationen seines Lebens wiederfand.
– Du warst befreundet mit ihm? Über die alte Kamerad-

schaft hinaus? Erstaunlich genug! Mir erschien er immer als hochfahrend, verschlossen, untauglich oder unwillig zu freundschaftlichen Gefühlen – oder Gefühlen überhaupt.
– Es hat sich eben geschickt, daß wir einander immer wieder begegneten: beim Militär während des Ersten Weltkriegs, danach im Amt, wo er nicht lange aushielt.[32] Was man so Freundschaft nennt, das kam aber erst 1945 zustande. Da war aller Hochmut von ihm abgefallen, vielleicht aus physiologischen Gründen. Es stand schon schlecht um ihn. Die körperliche Herabminderung bewirkte eine gewisse seelische Weichheit. Ich merkte sehr wohl, daß ein Bedürfnis in ihm erwacht war, Konfessionen abzulegen. Er suchte nach einem diskreten Beichtiger. [...]
– Er war der Partei beigetreten, noch vor dem gewaltsamen Anschluß. Er hat eine Menge von übrigens recht mittelmäßigen kulturpolitischen Artikeln für die Goebbels-Wochenschrift verfaßt. Er stand nach 1945 in jeder Hinsicht kompromittiert da. Wo war während der NS-Zeit seine Gescheitheit geblieben, von der du so viel Wesens machst? [...]
– Wenn ich aber von Rechtbehalten sprach und seiner Bitterkeit darüber, meine ich dies: Nazismus, Krieg, schließlicher Zusammenbruch haben ihm recht gegeben in seiner oft allusiv ausgesprochenen Idee, daß spätestens seit 1914 die Menschheit Narren- und Totentanz in einem treibe, und daß er, Törleß, da doch alle Karten gezinkt waren, auch gleichweg schon auf die miserabelste, offenkundig falscheste setzen könne, und zwar als jener Anstaltseleve, der das Folterspiel mit Basini ertrug. Zugleich war er aber auch der schlechte Folterschüler, der aus der Schule floh ...
– Zu spät floh.

32 Hier benutzt Améry Daten aus Musils Lebenslauf. Musil war während des Ersten Weltkriegs Offizier mit österreichischen Bundesheer, nach dem Krieg für kurze Zeit Heeresbeirat im österreichischen Kriegsministerium. 1933 hat Musil, der zu dieser Zeit in Berlin lebte, Deutschland verlassen, 1938 auch Österreich; er starb 1942 im Exil in der Schweiz.

3. Die Aktualität

– Meinetwegen. Aber wer von uns [...] erhob sich – oder floh wenigstens – zur rechten Zeit? [...]
– Der Herbert Törleß, den ich kannte, nicht intim, aber immerhin sehr lange, war ganz einfach ein Gescheiterter. Er kam aus dem Kriege heim und verstand es nicht, sich einzurichten in der kleinen Welt, in der wir Österreicher uns plötzlich fanden. Es fehlte ihm nicht an Konnexionen, darum konnte er wiederholt in staatliche Dienste treten. Unsereins war froh, ein Dach über dem Kopf zu haben, eine halbwegs reputierliche Stellung. Das war ihm zu gering. Er war immer voll hochfliegender Projekte, und das endete dann damit, daß er Nachhilfestunden in darstellender Geometrie gab. Ich erinnere mich, wie ich ihn einmal im Café traf und er mir von dieser traurigen Tätigkeit erzählte. Nimmer vergesse ich die Kälte seines Blicks und den böse verzerrten Mund, als er sagte: ›Ich bringe die ekelhaften Rangen eines jüdischen Bankdirektors durch die Matura.‹ Ich wich dem Thema aus, weil mir der Antisemitismus nicht lag, wiewohl ich stets zugegeben habe, daß unter den Israeliten sich unerfreuliche Elemente ...
– Ich unterbreche dich, verzeih. Wir sprechen über ihn in Offenheit, da haben wir kein Recht, dem Thema auszuweichen. Törleß war Österreicher bis in seinen undeutlichen Antisemitismus hinein. Er mochte *die* Juden nicht, aber *den* Juden ließ er gelten, wo es ihm paßte. Es paßte ihm nicht immer. [...]
– Ich habe ihn übrigens viel später, als er noch körperlich fähig war, lange Spaziergänge mit mir durch den Wienerwald zu machen, gerade über sein Verhältnis zu den Juden befragt. Ich wollte wissen, inwieweit dieses der Grund war dafür, daß er sich mit den Nazis eingelassen hatte.
– Und?
– Ja, wenn ich nur selber klug geworden wäre aus dem, was er mir sagte! Er, dessen schneidende Schärfe uns so oft konsterniert hat, wurde bei diesem Gegenstand, von dem zu reden es ihn gleichwohl ganz offensichtlich verlangte, ei-

gentümlich flüchtig, zweideutig, unklar. Ich wußte niemals, wann er mich und sich ironisierte und wann er aufrichtig bekannte. Nur so viel ahnte ich, daß seine Judenfeindschaft, über die er sich selbst manchmal mit Unmut äußerte, im Zusammenhang stand mit dem Basini-Erlebnis.
– Basini? Aber der war alles andere als ein Jude! Er war aus vornehmer Familie, sein Vormund war Exzellenz! Ich halte es für unmöglich, daß rassisch an ihm irgend etwas auszusetzen gewesen wäre.
– Davon ist auch keine Rede. Basini war so arisch wie du und ich und Törleß. Es scheint aber, als habe Törleß ihn gewissermaßen zum paradigmatischen, wenn du willst: zum metaphysischen Juden gemacht. Wohlbemerkt, er sprach mir davon stets nur in zugleich dunklen und spöttischen Andeutungen. Einmal sagte er mir scheu und nicht ohne eine gewisse Tücke: Basini hat mich verführt, wie Mephisto den Faust, wie der Jude den Deutschen; das konnte nicht gut ausgehen ... und dann lachte er, als sei diese Absurdität ein schlechter Witz, auf den ich dummer Kerl nun hereinfallen möge oder nicht. [...] Ich entsinne mich noch deutlich, daß ich ihn vorsichtig befragte, wie er es bei seiner Intelligenz und Sensibilität wohl zustande gebracht habe, einem Regime zu dienen, dessen Scheußlichkeit man spätestens 1943 voll habe einsehen können. Hast du wirklich nicht gewußt, nichts geahnt von dem Massenmord an den Juden? – so oder ähnlich setzte ich meine Worte. Törleß blickte erst schweigend zu Boden. Dann tastete er mit der Rechten nach seinem Herzen, von dem er mir zuvor gesagt hatte, daß es ihm fast unausgesetzt Beschwerden bereite. Schließlich sah er auf mit seinen sehr klaren und forschenden Augen. – Bin ich der Hüter meines Bruders Basini? – fragte er in ernstem Ton, der eine deutliche Forderung nach Antwort vernehmen ließ. Ich rettete mich in ein verlegenes Lächeln, suchte nach einem schnellen Übergang zu einem anderen Gegenstand. Aber er sprach weiter, immer noch ernst und deutlich: – Etwas blieb für immer zurück: jene

3. Die Aktualität

kleine Menge Giftes, die nötig ist, um der Seele die allzu sichere und beruhigte Gesundheit zu nehmen ...[33] – Da schien es mir unmöglich, abzuschweifen ins Harmlose. Er war so eindringlich wie nie zuvor, und es ging ihm offensichtlich physisch so miserabel wie moralisch. Ich hatte großes Mitleid. Das Gift hast du ja ausgeschieden, sagte ich, in diesem Nachkriegsjahr, und wäre ich gläubig, würde ich sogar meinen, du habest gesühnt: durch das allgemeine Elend unseres Volkes, durch deine persönlich so schwere ökonomische Lage, nicht zuletzt durch deine Erkrankung. Aber wie es stets mit ihm ablief, kam es auch diesmal. Er wollte sich nicht nur mein Mitgefühl verbitten, sondern auch sich distanzieren von dem trivialen Schuld-und-Sühne-Schema, in das er sich durch mich gespannt sah. Er zuckte unmutig die Achseln. Dummes Zeug. Ich habe Basini nicht umgebracht und habe nicht persönlich die Juden vergast. Ich habe, um mich durchzuschlagen, Zeitungsartikel über kulturelle Probleme geschrieben, und zwar in dem einzig ihnen den Weg zur Drucklegung ermöglichenden Geist oder Ungeist. Ich war allerschlimmstenfalls ein Karrieremacher ohne Karriere. Der Rest ist Literatur, *schlechte* Literatur – und das Wort *schlecht* sprach er mit dem Ausdruck solchen Ekels aus, als solle ihm tatsächlich übel werden.
– Er war verliebt in sich selbst, das stimmt schon. Daher der Kultus, den er mit dem äußeren Habitus seiner Person trieb, mit seinen Anzügen, seiner Fitness, auf die er schon in der Schule stolz war wie ein künftiger Berufssportler. Daher seine Eitelkeit, die mir auch später immer aufs peinlichste auffiel. Ich weiß nicht, ob Herbert Törleß so gescheit war, wie du meinst. Ich weiß nur, daß er uns andere – die Mitschüler, die Kollegen im Amt, die jungen Leute unserer Gesellschaft – für blöde hielt. Für blöde, für feig, in

---

33 Zitat aus D.V.d.Z.T., S. 160 / GW II, S. 112. Vgl. auch D.V.d.Z.T., S. 158–161 / GW II, S. 111–114, dort gibt Musil einen kurzen Ausblick auf das spätere Leben seiner Hauptfigur.

jeder Hinsicht für minderwertig. Ich traf ihn einmal, es war vielleicht 1920, auf der Ringstraße. Er arbeitete damals im städtischen Elektrizitätswerk. In Haltung und Allüre aber markierte er immer noch den Front-Offizier. Ich schimpfte ein bißchen gemütlich über den Staat und die Stadtverwaltung von Wien, das war ja so bon ton unter uns Beamten. Törleß aber ließ diese Art von behäbiger Raunzerei nicht gelten. Er meinte, das ganze Volk sei faul, stumpf und untauglich. Wien sei von vertrottelten Greisen bevölkert. Senil sei hierzulande sogar schon die Jugend. Und mit jählings aufflammendem Fanatismus erklärte er mir, daß Rettung nur von einem schleunigen Anschluß Österreichs ans Deutsche Reich zu erhoffen sei. – Ich habe mich später oft gefragt, ob sich nicht damals schon in ihm das vorbereitete, was später als Hinwendung zum Nazismus eklatant zutage trat.«

> Jean Améry: Gespräch über Leben und Ende des Herbert Törleß. In: Leporello fällt aus der Rolle. Zeitgenössische Autoren erzählen das Leben von Figuren der Weltliteratur weiter. Hrsg. von Peter Härtling. Frankfurt a. M.: S. Fischer, 1971. S. 185–197. – © 1971 S. Fischer Verlag GmbH, Frankfurt am Main.

WALTER JENS hob als Erster die »Symbiose von Kälte und Romantik, Nüchternheit und Rausch« in Musils Roman hervor, die auch das Bild des Jugendlichen in der Literatur seit dem Zweiten Weltkrieg bestimmt:

»Gewiß, oberflächlich betrachtet, ist auch der Zögling Törleß einer aus der Reihe jener Ästheten, die in der zeitgenössischen Literatur als ein schwacher Widerpart ihrer stärkeren Väter – stereotyp wiederholt – figurieren; blickt man jedoch genauer hin, so erkennt man, jenseits aller typisierenden Tendenzen, das Porträt eines Jugendlichen von schauerlicher Modernität: Törleß, ein über sich selbst gebeugter, die Reaktionen seines Gehirns beobachtender Äs-

3. Die Aktualität

thet; ein Jüngling von überwacher Nervosität, der allem Begegnenden ausgeliefert ist und sich nicht zu wehren weiß, widersteht auf der anderen Seite nicht der Versuchung, sich – und sei's nur von ferne – an den Entsetzens-Ritualen seiner Internats-Kollegen zu beteiligen. Der Outcast im Zeichen des Terrors, der Intellektuelle, der Ästhet mit dem Kainsmal des Mörders ... dieser in der Literatur nach dem Zweiten Weltkrieg immer wieder charakterisierte Typ wird von Musil als erstem beschrieben. Ihm, dem Wiener Romancier, ist es zu danken, daß – weit vor den Analysen Hermann Brochs und Thomas Manns – jene Symbiose von Kälte und Romantik, Nüchternheit und Rausch Gestalt gewann, die zu beschreiben die Poesie unserer Tage nicht müde geworden ist, wenn es darum geht, das Bild des Jugendlichen zu entwerfen.«

> Walter Jens: Erwachsene Kinder. Das Bild des Jugendlichen in der modernen Literatur. [1962.] In: W. J.: Statt einer Literaturgeschichte. Düsseldorf/Zürich: Artemis und Winkler, 1998. S. 142. – © 1998 Artemis & Winkler Verlag bei Patmos Verlag GmbH & Co. KG, Düsseldorf.

Nicht nur die Analyse der Denkweise junger Menschen, sondern »ein dichterisches Modell des Denkens schlechthin« sieht WALTER JENS 1984 in Musils *Törleß*-Roman dargestellt. Damit bestätigt Jens die Intention Musils (vgl. Kap. III und IV). In der Törleß-Figur ist für ihn sogar »der erste moderne Mensch in der deutschen Literatur« überhaupt verkörpert.

»Kein Zweifel, da redet ein Kritiker[34], der sich mit den Intentionen des jungen Talents Robert Musil rückhaltlos identifiziert: Bewundernswert sei es, so Kerr, mit welcher Hellsicht und Kälte der Autor das ›unabgesteckte Reich des Schauervollen und Brauchlosen‹ mit den dazugehörenden

---

34 Alfred Kerr, vgl. S. 81–89.

Schreckens-Ritualen, dem Sadismus und Seelen-Terror, veranschaulicht habe: ›Nicht alles kann ich nachprüfen. Der Schwerpunkt dieser Dinge liegt mir so fern wie die Menschenfresserei der Südsee: aber ich weiß doch, daß es Menschen in diesem Drange gibt. Ich hab' es bisher nicht geglaubt: jetzt glaub' ich es. *Ecco*.‹
Der Schwerpunkt dieser Dinge: Gemeint ist damit die Zerstörung einer scheinbar geordneten, unverrückbaren moralischen Normen folgenden Bürgerwelt, gespiegelt in den sadistischen Spielen einer Reihe von Internatszöglingen aus den oberen Schichten, die sich einem der Ihren gegenüber (einem sozial schlechter Gestellten, der zum Dieb wird) wie Experimentatoren in einem Konzentrationslager aufführen – anno 1906, wohlgemerkt!
Die Verwirrungen des Zöglings Törleß – das ist keine Pubertätsgeschichte, kein Pendant zu Wedekinds *Frühlings Erwachen*, Emil Straußens *Freund Hein*, Hesses *Unterm Rad*; hier wird vielmehr am Beispiel von vier jungen Menschen, des charmanten Sadisten Reiting, des Mystagogen und eleganten Folterers Beineberg, des erniedrigten Opfers Basini und des Registrators Törleß, der sich auf die Folterungen einläßt, um, in der Rolle des Musilschen ›Monsieur le vivisecteur‹[35], neue, ungeahnte, bis dahin verbotene Erkenntnisse auszukosten ..., hier wird die Geschichte eines Quasi-Mords aus der Perspektive des Ästheten geschildert, dem gerade das Grauenhafteste zur Beförderung seines Fühl- und Erkenntnisvermögens zu dienen hat.
Nicht die Faktizität, das krude ›Was‹, sondern das ›Wie‹, die gedankliche Bewältigung der sadistischen Spiele auf dem Dachboden, ist für Musil entscheidend: wobei es charakteristisch ist, daß die wirklichen Geschehnisse in der Vorstellung des Helden auf der gleichen Realitätsebene wie Philosopheme oder mathematische Gleichungen liegen. Das Auspeitschen eines Menschen, Kants Philosophie, ima-

---

35 Vgl. S. 37, Anm. 6.

3. Die Aktualität

ginäre Zahlen: alles hat für den jungen Törleß ein und dieselbe Bedeutung. Wirklichkeit und Traum, die Sache und das Nachdenken über die Sache gehören untrennbar zusammen: Nicht nur Reiting und Beineberg – auch Törleß ließe sich, vierzig Jahre nach seiner Präsentation durch Robert Musil, auf der Seite philosophierender Scharfrichter denken: angeekelt zwar von einfallslosen Brutalitäten, aber zu gleicher Zeit erfüllt vom Lustgefühl des Ästheten, dem Hochverrat des Geistes am Geist Tribut gezollt zu haben. Eine hellsichtige Geschichte, der *Törleß*, und eine sehr persönliche dazu. Musil kannte sich aus in der von ihm beschriebenen Welt, hatte die Militär-Unterrealschule in Eisenstadt, später die Oberrealschule in Mährisch-Weißkirchen besucht, auch sie eine Militäranstalt: Das Entsetzen der Eingeweihten über die kecke Preisgabe pädagogischer Interna (und familiärer dazu) muß gewaltig gewesen sein, um 1906. Sadomasochistische Exzesse an einer kaiserlich-königlichen Unterrichtsanstalt; die Familie des Autors durch geheime Bezüge zwischen einer Hure namens Božena und Törleß' Mutter verunglimpft, und das um so mehr, als der Lebenswandel Hermine Musils in der Tat zu mancherlei Bedenken Anlaß gab. [...]
Dichtung und Wahrheit, wie häufig bei Musil, bunt durcheinandergemischt: Es stimmt, daß der Autor den Stoff an zwei Schriftsteller verschenkte[36], und es stimmt auch, daß er die Atmosphäre von Eisenstadt und Mährisch-Weißkirchen konsequent verfremdet hat, indem er aus des ›Teufels Arschloch‹ mit seinem Unteroffiziersdrill, seinen widerwärtigen Abtritten und dem ganzen österreichischen Spartaner-Drill (›Fußlappen, alte Stiefel‹) eine eher aristokratische Anstalt machte, wo unter den sich blasiert und weltmännisch gebenden Reinen und Feinen der oberen Zehntausend Schöngeisterei, gepaart mit dem ausgeklügelten Reglement der *exercitia terroris*, immerhin in gewissem Ansehen stand.

---

36 Vgl. S. 34f.

[...] Ob Alfred Kerr das Manuskript wirklich Zeile für Zeile durchgearbeitet hat, erscheint selbst dann ein wenig zweifelhaft, wenn man in Rechnung stellt, daß der Rezensent, was das Vermeiden von Sentimentalitäten angeht, nicht gerade ein Meister war. Aber Sätze wie die folgenden hätte er, bei penibler Zeile-für-Zeile-Korrektur, gewiß nicht durchgehen lassen: ›In (Törleß') Innern war eine Heiterkeit, die er sonst nicht an sich gekannt hatte ... Das mußte sich wohl unter den Einflüssen der letzten Zeit in aller Stille entwickelt haben und pochte nun plötzlich mit gebieterischem Finger an. Ihm war zumute wie einer Mutter, die zum ersten Mal die herrischen Bewegungen ihrer Leibesfrucht fühlt.‹ [D.V.d.Z.T., S. 112 / GW II, S. 79.]

Ja, es gibt sprachlich viel Mißlungenes in diesem Erstling (und nicht nur dort: Stilsicherheit à la Thomas Mann ist nie Musils Stärke gewesen): pathetisch vorgetragene Klischees, ein Gemengsel von Poesie und Amtssprache, vages Drumherumreden statt exakter Benennung. Musil selbst kannte die sprachlichen Ungeschicklichkeiten des *Törleß* genau – und auch über den oft unbeholfenen Wechsel der Perspektive, übers räsonierende Dreinreden des Autors, über die mangelnde Integration der Szenen ›Im Café‹ oder ›Bei Božena‹ wird er sich – so gut wie Alfred Kerr – im klaren gewesen sein: geschenkt, verehrte Rezensenten, vergessen wir das.

Und, tatsächlich, man *kann* sie vergessen, jene Fülle notierbarer Unstimmigkeiten, wenn man sie mit den Qualitäten des Buches konfrontiert: der ringkompositorischen Struktur (am Anfang und Ende die Bahnhofsszene), der leitmotivischen Handhabung, der Schlüsselbegriffe (Garten, Uhr, Spiegel), der exakten, zugleich realistischen und symbolträchtigen Beschreibung der Lokalität: unten die Klassenzimmer, in der Mitte die Schlafräume, oben die geheimnisträchtige Bodenkammer: Aufstieg vom Alltäglich-Normalen in die Zonen des Verboten-Exzentrischen. Der Acheron: angesiedelt in witziger Paradoxie hoch oben auf dem Olymp!

Und dann das Eigentliche: Zum ersten Mal in der Weltlite-

3. Die Aktualität

ratur gelingt es einem Schriftsteller – im Alter von fünfundzwanzig Jahren! –, nicht nur den Seelenhaushalt von Jugendlichen zu beschreiben, die bis um 1900 immer nur als halbe Erwachsene dargestellt werden konnten, sondern, was weit schwerer ist, die Denkweise junger Menschen zu analysieren ..., und das nicht in gelehrter Prosa, der Weise Ernst Machs[37] zum Beispiel, der Musils eigentlicher, ihm das Problem ›Wie kommen Erkenntnisprozesse zustande?‹ eröffnender Lehrer gewesen ist, sondern sinnlich, anschaulich und konkret.

Intellektuelle Zustände sehen sich durch eine Prosa ›vivifiziert‹, vergegenwärtigt, fühlbar gemacht, die das Ziel verfolgt, am Beispiel des Weltverständnisses von Jugendlichen ein dichterisches Modell des Denkens schlechthin zu entwickeln: ›Der Sechzehnjährige‹, heißt es in Musils Tagebüchern, ›ist eine List. Verhältnismäßig einfaches und darum bildsames Material für die Gestaltung von seelischen Zusammenhängen, die im Erwachsenen durch zuviel anderes kompliziert sind, was hier ausgeschaltet bleibt.‹

Das lebendige Denken und das gedankenträchtige Fühlen: das Wechselspiel von Un-, Vor- und Halbbewußtem hier und hoher Rationalität dort auf den poetischen Begriff gebracht zu haben ist die eigentliche Leistung des Schriftstellers Musil, der sich im *Törleß* als genuiner und eigenständiger Partner Sigmund Freuds erwies: nicht, das wäre denn doch zuwenig, wegen der Schilderung des Sadomasochismus in der Adoleszens, auch nicht allein wegen der Fähigkeit, ›die Triebgrundlage des Dritten Reichs‹ – so Musil im Gespräch – visionär vorauszubeschreiben, sondern wegen der exemplarischen Verdeutlichung von Denkvorgängen, die, in direkter Beschreibung, unmittelbar und, durch die Darstellung korrelierender Vorgänge, Naturereignisse und Stimmungen, mittelbar dargestellt werden.

---

37 Musil hat mit einer Dissertation über Mach 1908 in Berlin promoviert.

Der junge Törleß, ein janusgesichtiges, von verwegenen Erfahrungen und tollkühnen Gedankenaufschwüngen gezeichnetes Ich: Er ist für mich der erste moderne Mensch in der deutschen Literatur: dem Hofmannsthalschen Lord Chandos oder dem Rilkeschen Malte Laurids Brigge oder Thomas Manns Hanno Buddenbrook um ein halbes Jahrhundert voraus. Weshalb? Weil sich bei Musil die unheilige Allianz von Ästhetizismus und Terror, gedanklicher Unbedingtheit und moralischer Neutralität am Beispiel eines Menschen beschrieben sieht, dem jedes Mittel recht ist, das tauglich sein könnte, ihm, dem aus allen Zusammenhängen Herausgenommenen, zu neuer Natürlichkeit und neuem Vertrauen in eine Weltordnung zu verhelfen, in der die Dinge, anders, als er es erfährt, wieder vernünftig und verläßlich benannt werden können. Eine Weltordnung, die, in ihren Tag- und, mehr noch, ihren von Alfred Kerr beschworenen Nachtseiten, nur von jenen erfahren werden kann, die ›einen Sinn mehr als andere haben‹: den Ästheten vom Schlage Törleß', wie ihn Robert Musil beschrieb.

Törleß, aus dem alles werden kann, ein hellsichtiger Aufklärer am Rande des Abgrunds, aber auch ein Faschist – beides ist möglich, je nachdem, wie die ›auf die Schärfe eines Nadelstichs konzentrierte Inkubation‹ [D.V.d.Z.T., S. 63 / GW II, S. 46], die bis zur Perversion des Humanen ins Unmenschliche gehen kann, ihren Niederschlag findet. Wo hätte dieser Törleß wohl gestanden, 1933 – auf seiten Klaus Manns, als Emigrant in Paris, oder Seit an Seit mit Gottfried Benn in Berlin? Törleß – einer, der zu sich selbst gekommen wäre (›Eine Entwicklung war abgeschlossen‹), ein für allemal gefeit? Oder einer, der bedroht bliebe, jederzeit bereit, den Teufelspakt (wenn auch mit der gebotenen *reservatio mentalis*) zu erneuern? (›Die Erinnerung, daß ... fiebernde Träume um die Seele schleichen, die festen Mauern zernagen und unheimliche Gassen aufreißen – auch diese Erinnerung hatte sich tief in ihn gesenkt.‹)

So oder so: Er bleibt Zeitgenosse, der Sechzehnjährige, von

einem fünfundzwanzigjährigen Schriftsteller beschriebene Zögling. ›Das Leben liegt vor ihm‹, hat Alfred Kerr 1906 geschrieben – und das gilt auch heute noch von diesem Möglichkeitsmenschen, der in seiner Vielschichtigkeit, seiner Widersprüchlichkeit, seinem Hermaphroditen-Wesen wirklichkeitsmächtiger als seine Zeitgenossen bleibt, die tatsächlich gelebt haben. ›Es schien damals, daß er überhaupt keinen Charakter habe‹: und trotzdem, achtzig Jahre danach, quicklebendig!«

> Walter Jens: Sadistische Spiele auf dem Dachboden. In: Frankfurter Allgemeine Zeitung. 19. Juli 1984. – Mit Genehmigung von Walter Jens, Tübingen.

VI. Texte zur Diskussion

1. Jugend und Krise – Krise des Denkens

In seiner Auseinandersetzung mit der vorgefundenen und verfestigten Gesellschaft muss Törleß »die äußersten Grenzen seines Wesens« abstecken lernen, ehe er seiner ganz sicher und bewusst werden kann. »Das Grundthema des Buches ist eine geradezu cartesianische Ichfindung oder, wie Musil es einmal formuliert hat, ›Gründung eines Selbstbewußtseins‹« (Minder, S. 82).
Zur Selbstfindung des Jugendlichen bemerkt EDUARD SPRANGER:

»Diese Gesellschaft wird als ein fertiges Gebilde auf einer bereits sehr komplizierten Stufe ihrer Entwicklung vorgefunden. Der Jugendliche hat sie nicht gewollt, er wird von diesem überindividuellen Lebensganzen zunächst verschlungen, und es dauert noch sehr lange, bis er daran als individuelles Glied produktiv mitwirken und es tragen helfen kann. Sodann: diese Gesellschaft bindet nur noch an ganz wenigen Stellen wirklich Person an Person; im allgemeinen beansprucht sie den Menschen nur von einer bestimmten, begrenzten Seite aus. Die Sehnsucht des Jugendlichen aber geht stärker auf die totale Wesensgemeinschaft als auf flüchtige Berührung zu diesem oder jenem Zweck. Drittens: die erwachsene Gesellschaft ist durch und durch geregelt, vom staatlich gesetzten Recht an über spezielle Satzungen bis zu den Verkehrssitten und Umgangsformen. Der Jugendliche aber widerstrebt solchen von außen kommenden Regelungen; er will Ungebundenheit und Bewegungsfreiheit, obwohl er bald die Entdeckung machen muß, daß er ohne jede Regelgebung gar nichts mit sich anzufangen wüßte. Viertens: Die Gesellschaft treibt das Prinzip der Arbeitsteilung und Spezialisierung auf die Spitze. Nirgends

1. Jugend und Krise – Krise des Denkens 143

gestattet sie, das ganze Leben zu leben, wie der Jugendliche mit seiner geringen Fähigkeit, sich innerlich zu teilen, es ersehnt, sondern überall begegnen ihm mechanisierte Fragmente des Lebens, getragen von einer Fülle äußerlicher Zweckverbände, die alle ganz unpersönlich aufgebaut sind. Und endlich überhaupt: Es gibt in dieser reifen Gesellschaft nur noch geringe Reste organischer, naturgeborener Formen. Das meiste wird durch künstlichen Zusammenschluß erreicht, der bis ins letzte überlegt und rationalisiert ist.

Die Spannung also zwischen der Struktur der Verbände, die die Kultur tragen, und der noch sehr einfachen, undifferenzierten Struktur der jugendlichen Seele kann nicht groß genug gedacht werden. Irgendwie aber muß der junge Mensch damit fertig werden, wenn er überhaupt kulturfähig werden soll. [...]

Der Jugendliche macht die Beobachtung, daß ein großer Unterschied ist zwischen dem, was die Gesellschaft fordert, und dem, was sie durchschnittlich ist und tut. Das Auseinanderfallen von moralischen Normen und von moralischer Substanz wäre vielleicht keine so erschütternde Entdeckung. Aber daß man von anderen moralisch fordert, was man für sich selbst nicht befolgt, ja kaum als Norm gelten läßt, weist auf einen schweren Bruch und auf eine tiefe Unehrlichkeit hin. Zum erstenmal enthüllt sich dieses Doppelwesen von Scheinenwollen und Sein, von Pharisäertum und abgründiger Verlogenheit. Und man muß diese fürchterliche Entdeckung nicht nur bei irgendwem machen, sondern sie unterwühlt auch die Grundlagen, auf denen man das Bild der Nächsten, der Eltern, der Erzieher, errichtet hat. Der Blick in diese Realistik ist ein neues Moment, das den Jugendlichen in sich selber hineintreibt; wem soll man noch trauen? Die Wirkung kann je nach der ethischen Substanz, auf die diese ›Enthüllungen‹ treffen, verschieden sein: Man hört auf, die ganze Sache auch für sich sehr ernst zu nehmen, und man beginnt, die Moral (ähnlich wie früher den schwarzen Mann) als einen Kinderschreck abzutun; oder man gräbt sich nur noch fester in die Idealwelt ein und hält sie vor dem Gifthauch der Wirklichkeit geschützt im Innersten wie Heiligtümer, von denen man nicht spricht, die aber eine magische Kraft verleihen. Die Erfahrung der ersten Art erweitert sich bei manchen zu einem immer schärferen Organ für die Ungerechtigkeit der Welt, für die Morschheit der Bühne, auf der die Erwachsenen ihre Rolle spielen, und schließlich für die Immoralität aller Moral.«

> Eduard Spranger: Psychologie des Jugendalters.
> Heidelberg: Quelle & Meyer, ²⁷1963. S. 132 f.,
> 159. – © 1948 Quelle & Meyer Verlag GmbH &
> Co., Wiebelsheim.

Dass das Denken zum Gegenstand seiner selbst wird, wird in der psychologischen Forschung als spezifische Eigenart jugendlichen Denkens hervorgehoben. OTTO EWERT fasst die wesentlichen Forschungsergebnisse hierzu zusammen:

»Nach Inhelder und Piaget[1], läßt sich die Eigenart jugendlichen Denkens auf die kurze Formel bringen, daß über das Denken nachgedacht wird und daß wirkliche Ereignisse auf dem Hintergrund von möglichen Ereignissen gesehen werden. Diese formalen Qualitäten, nämlich Reflexivität und die Neigung, vom konkreten Fall ausgehend nach abstrakten Beziehungen zu fragen, haben eine Vielzahl qualitativer Veränderungen der Erlebnisinhalte im Gefolge.
Die Reflexion über Gefühle beispielsweise begünstigt, worauf Spranger hingewiesen hat, bei einigen Jugendlichen Sentimentalität. In das erlebte Gefühl mischt sich die Reflexion darüber, daß man dieses Gefühl erlebt. Die Spiegelung der Gefühle, man erlebt, daß man erlebt, mag für den Erwachsenen unecht wirken, für den Jugendlichen sind es ›Lehrjahre der Gefühle‹, in denen sich ihm ein Verständnis

---

1 Bärbel Inhelder / Jean Piaget, *The Growth of Logical Thinking from Childhood to Adolescence*, London 1958, S. 341. (Dt. Ausg. Stuttgart 1980.)

1. Jugend und Krise – Krise des Denkens

für komplexe Gefühlsregungen wie Stolz, Hingabe, Einsamkeit, Ehrfurcht, Verachtung u. a. erschließt.

In zahlreichen Untersuchungen wurde der Nachweis geführt, daß sich mit dem Eintritt in das Jugendalter sowohl Auffassungskategorien für Seelisches, wie entsprechende sprachliche Ausdrucksmittel erweitern und differenzieren. Dies zeigt sich in Nacherzählungen, in Stellungnahmen zu Bildvorlagen, aber auch in Tagebüchern und literarischen Versuchen.

Im Mittelpunkt dieser Zuwendung zum Binnenseelischen steht die Entdeckung des Ich. Wenn von einer Entdeckung die Rede ist, so heißt das nicht, daß nicht auch schon das Kleinkind und Schulkind über einen Ichbegriff verfüge. Dieser wird aber als eine Art Faktum, als etwas Gegebenes hingenommen. ›Ich‹ bedeutet dann, ein Junge oder ein Mädchen sein, jüngeres oder älteres Geschwister sein, groß oder klein, stark oder schwach, ein guter oder schlechter Schüler sein, helles oder dunkles Haar haben usw. Entdeckung des Ich meint auf diesem Hintergrund, vom Faktischen zum Möglichen überzugehen. Wer bin ich wirklich, d. h., über das konkrete Gegebene hinaus? Welche Möglichkeiten habe ich, wie könnte ich, wie sollte ich sein? Dies sind Fragen, die den Jugendlichen bewegen. Wie ein Existenzialist in der Nachfolge Sartres entwirft sich der Jugendliche in der Zukunft und macht von Vorgegebenem nur in Auswahl Gebrauch. Kleidung, Haartracht, Handschrift und vieles andere mehr werden zum Experimentierfeld, auf dem immer neue Formen der Selbstgestaltung und Selbstdarstellung erprobt werden. Mit der Einsicht, daß es nicht selbstverständlich ist, daß man gerade der ist, der man ist, ja daß Änderungen nicht nur möglich, sondern auch wünschenswert und geboten sind, erwächst eine ›historische Einstellung zum eigenen Selbst‹[2]. Der Jugendliche

---

[2] Heinz Remplein, *Die seelische Entwicklung des Menschen im Kindes- und Jugendalter*, München/Basel [10]1962, S. 462.

setzt sich von dem ab, der er als Kind war, und reflektiert, wie er eigentlich sei, nämlich auf dem Hintergrund möglicher Selbstverwirklichung.«

> Otto Ewert: Entwicklungspsychologie des Jugendalters. Stuttgart [u. a.]: Kohlhammer, 1983. S. 116. – Mit Genehmigung von Otto Ewert, Wiesbaden.

2. Das Bild des Jugendlichen in der Literatur um 1900

»Das ›Jahrhundert des Kindes‹ [Bezeichnung von Ellen Key] beginnt im deutschen Roman mit einer überraschenden Häufung von Schülerselbstmorden«, stellt Robert Minder pointiert fest.

Die konkrete Situation, aus der heraus die konfliktträchtigen Tragödien jugendlicher Helden zu einem bevorzugten literarischen Stoff wurden, fasst der österreichische Literaturwissenschaftler UWE BAUR folgendermaßen zusammen:

»Es gilt als Kuriosum der Wissenschaftsgeschichte, daß die Psychologie des Jugendlichen erst etwa um 1910 einsetzt, also dreißig Jahre nach der Kinderpsychologie! Dieses Phänomen wird vielfach damit erklärt, daß im letzten Drittel des 19. Jahrhunderts über dem Geschlechtlichen der fast völlige Bann des Schweigens lag.[3] In der Zeit um 1906, dem Erscheinungsjahr des *Törleß*, wurde dieses Tabu gelockert, das die Erforschung der sexuellen Entwicklung des Menschen verhindert hatte. 1906 wurde die *Zeitschrift für Sexualwissenschaft* begründet, 1906 erschien das erste Aufklärungsbuch, und zwar von Hans Wegener[4]. Die eigentliche Ursache für das plötzliche Interesse der Wissenschaft am

---

3 Vgl. Hans Heinrich Muchow, *Sexualreife und Sozialstruktur der Jugend*, Hamburg 1959, S. 16f.
4 Hans Wegener, *Wir jungen Männer. Das sexuelle Problem des gebildeten jungen Mannes vor der Ehe. Reinheit, Kraft und Frauenliebe*, Düsseldorf 1906.

2. Bild des Jugendlichen in der Literatur um 1900   147

Jugendlichen aber lag darin, daß man plötzlich die Jugend als Widerstand empfand: Die Jugendkriminalität war zwischen 1898 und 1906 um 32,2% gestiegen, ein Zeichen dafür, daß ›die jungen Menschen immer weniger imstande waren, ihr Leben in der sich wandelnden Gesellschaft katastrophenfrei zu leben‹.[5] Das bezeugt die seit dem Naturalismus anschwellende Zahl literarischer Zeugnisse über Tragödien Jugendlicher, deren Ausmaß den bekannten Pädagogen Friedrich Paulsen 1908 dazu veranlaßte, ein eigenes Buch darüber zu schreiben, diese Konflikte darin pathetisch zu ironisieren:
›Es gibt in Deutschland zurzeit für Bücher und Zeitschriften, für Romane und Dramen kein beliebteres Thema als die Unterdrückung und Mißhandlung hochstrebender Söhne und Töchter durch eigensinnige, engherzige und unverständige Väter und Mütter, die Niederhaltung und Abmarterung hochbegabter, zur Selbständigkeit des Denkens emporstrebenden Jünglinge durch verständnislose, pedantische, herrschsüchtige, blind am Alten hangende Schulmeister. Auf Versammlungen und allgemeinen Erziehungstagen werden die Schrecken dieses grausamen Regiments dargestellt, wie alle tüchtigsten und selbständigsten Geister bis zur Erschöpfung gehetzt und geplagt werden, bis sie endlich ʽunterm Rad' liegen oder als ʽSchülerleichen' aus dem Wasser gezogen werden.‹[6]
Seine affirmativen Worte verraten, daß die Pädagogik bereits damals am Ende war; die hohe Zahl der literarischen Schülerselbstmorde war keine literarische Übertreibung, sondern entsprach der Wirklichkeit.[7] Erst die Jugend, die dieses Ende selbst erlebt hatte – die damalige Erwachsenen-

---

5 Muchow (Anm. 3) S. 18.
6 Friedrich Paulsen, *Moderne Erziehung und geschlechtliche Sittlichkeit. Einige pädagogische Beobachtungen für das Jahrhundert des Kindes*, Berlin 1908, S. 3 f.
7 Hans Heinrich Muchow, *Jugend und Zeitgeist. Morphologie der Kulturpubertät*, Hamburg 1962, S. 187.

generation nahm das Signal nicht auf –, schuf nach dem ersten Weltkrieg jene großen pädagogischen Entwürfe, die heute etwa unter dem Begriff der ›antiautoritären Erziehung‹ die Gemüter bewegen. Im *Törleß* kündigt sich der Generationsaufstand rund um den ersten Weltkrieg an, der sich gegen ›Geist und Form der Alterskultur⁸ richtete.«

> Uwe Baur: Zeit- und Gesellschaftskritik in Robert Musils Roman *Die Verwirrungen des Zöglings Törleß*. In: Vom *Törleß* zum *Mann ohne Eigenschaften*. Grazer Musil-Symposion 1972. Hrsg. von U. B. und Dietmar Goltschnigg. München/Salzburg: Fink, 1973. (Musil-Studien. 4.) S. 42f. - © 1973 Wilhelm Fink GmbH & Co. Verlags-KG, München.

ROBERT MINDER bemerkt:

»Die Krise der Erziehung, die Krise des jungen Menschen um 1900, spiegelt sich auch im Schulroman ab, von dem die Kadettengeschichten letzten Endes nur eine Variante bilden. Sie sei zunächst in diesen größeren Zusammenhang gestellt.
Das ›Jahrhundert des Kindes‹ beginnt im deutschen Roman mit einer überraschenden Häufung von Schülerselbstmorden. Der Gymnasiast in Hermann Hesses *Unterm Rad* läßt sich ins Wasser gleiten wie Hanno Buddenbrook bei Thomas Mann in den Typhus. Der Karlsruher Gymnasiast von Emil Strauß erschießt sich (*Freund Hein*), der Münchner Gymnasiast von Friedrich Huch hängt sich auf (*Mao*). Erscheinungszeit dieser impressionistisch weichgetönten Werke: 1901–1907.
Bis ins Jahr 1892 reicht das Drama zurück, das den harten Auftakt zu den Schulromanen bildet: *Frühlings Erwachen* von Frank Wedekind. Fünfzehn Jahre lang steht seine Aufführung in Deutschland unter Polizeiverbot. *Flachsmann*

---

8 Ebd., S. 170.

2. Bild des Jugendlichen in der Literatur um 1900   149

als Erzieher verwässert inzwischen die Probleme. Sein Verfasser, Otto Ernst, wird von Wilhelm II. in die Loge bestellt und belobt.

Das Jahr, in dem *Frühlings Erwachen* freigegeben wird – 1906 –, ist auch das Jahr, in dem Heinrich Mann mit seinem Professor Unrat zum massiven Angriff auf die Welt der Eltern, der Lehrer, der Untertanen vorgeht. Sturm auf die Väter heißt jetzt die Parole und nicht mehr Flucht in den Tod. Die Welle der großen expressionistischen Vater-Sohn-Tragödien setzt ein. Junge Autoren mit seltsamen Namen und Werken erregen das Publikum: Kornfeld und Hasenclever, Unruh und Sorge.

Aus welcher Bedrückung die Explosion entstanden ist, bestätigen die Dokumente, in die wir jetzt Einblick haben: die ›Tagebücher‹ Georg Heyms zum Beispiel oder die Akten von Döblins Berliner Gymnasium mit Untersuchungsmaterial über die Ursachen der gehäuften Selbstmorde und Hinweise etwa auf die Rolle eines sadistischen Turnlehrers. Labile Seelen gingen da zugrunde, wo Künstler wie Thomas Mann oder Hermann Hesse den Weg zum Nobelpreis antraten, indem sie das Leiden gestalteten.

Robuste, aktive Naturen fanden einen anderen Ausweg: die Gründung des Wandervogels, ebenfalls in Berliner Gymnasien zwischen 1896 und 1901. Das Jahr 1906 bedeutet auch hier eine zunehmende Radikalisierung. [...]

Dem Rückzug auf die ›innere Freiheit‹ entspricht eine erschütternde politische Indifferenz, ja Unreife, die selbst der Expressionismus – eine jugendbewegte Kunstform in seinen Grundimpulsen – bis 1916/17 weithin teilte. Der Gegensatz zum jungen Schiller, Hegel, Hölderlin ist frappant: hier staatsbürgerlich sehr versierte, scharf denkende politische Köpfe, dort revolutionär sich gebärdende Jugend, deren naive Dynamik keine Ahnung von den Kräften hatte, die im Zeitalter der hochindustrialisierten Machtstaaten Europa und die Welt beherrschten. Harry Pross hat sehr unkonformistisch aufgezeigt, wie dieses politische Vakuum, mit Mythos angefüllt, in der Jugendbewegung nach 1918 einen immer explosiveren Charakter angenommen hat. Die Leonard-Nelson-Richtung kam nicht zum Zuge.

Es dürfte kein Zufall sein, daß die zwei Autoren, die den Kadettenroman schon zwischen 1900 und 1906 zu einem Instrument der analytischen Erforschung des einzelnen und der Gruppe entwickelt haben – Rilke und Musil –, österreichischer Herkunft sind. Sie bringen von Haus aus den schärferen Blick für die gesellschaftlichen Verflechtungen und die Sorge um eine präzis nuancierte Diktion mit: statt Aufschrei und Ausbruch eine wissende Distanz zu den Dingen, ein zugleich behutsames und zähes Eindringen in sie. [...]

[Rilkes] Kadettengeschichte *Die Turnstunde*, 1899 geschrieben, 1902 gedruckt, verarbeitet eigene Erlebnisse in den Militärschulen von St. Pölten und Mährisch-Weißkirchen. Es war eine grausame Prüfung, vom Vater in die Kadettenanstalt gesteckt zu werden, nachdem die exzentrische Mutter den Jungen jahrelang in Mädchenkleider gesteckt hatte. Das Robuste an Rilke ist, daß er, der Überwucherungsgefahr des Femininen in sich bewußt, immer wieder Schutz und Halt im männlichen Vorbild gesucht hat – bei Tolstoj, bei Rodin und zuvor schon in St. Pölten. [...]

Es genügt, ein paar Sätze aus der Erzählung zu lesen, um den Klimawechsel zu spüren, der in der deutschen Prosa damals eingesetzt hat. Hart auf hart beginnt Rilke, ohne das betuliche und beschauliche Auswattieren der Vergangenheit wie bei Wildenbruch, C. F. Meyer und den anderen Repräsentanten der Bürgerzeit:

›In der Militärschule zu St. Severin. Turnsaal. Der Jahrgang steht in den hellen Zwillichblusen, in zwei Reihen geordnet, unter den großen Gaskronen. Der Turnlehrer, ein junger Offizier mit hartem braunem Gesicht und höhnischen Augen, hat Freiübungen kommandiert und verteilt nun die Riegen. [...]

'Antreten!' krächzt der Feldwebel böse, und gleich schreien jetzt die anderen Unteroffiziere ihm nach: 'Antreten.' Und

da geht auch schon die Kammertür auf; eine Weile nichts; dann tritt Oberleutnant Wehl heraus, und seine Augen sind groß und zornig und seine Schritte fest. Und jetzt das Kommando: 'Achtung!' Pause, und dann, trocken und hart: 'Euer Kamerad Gruber ist soeben gestorben, Herzschlag, Abmarsch!'« [...]
Musils Buch ist im Gegensatz dazu ein so spröder Neubeginn wie die Zwölf-Töne-Technik Schönbergs in Wien oder der Frühkubismus in Paris – immer in derselben, für die spätere Formentwicklung grundlegenden Jahresspanne 1906 bis 1914. Der *Törless* knüpft im ersten Kapitel an eine andere Kadettengeschichte Rilkes, den später verleugneten *Pierre Dumont* (1894), an, wo der Junge ebenfalls von der Mutter in die Anstalt begleitet wird: Sentimentalität in konventioneller Sprache. Nicht umsonst hat Ganghofer Rilkes damalige Prosa an die *Gartenlaube* zu vermitteln versucht. Gehobene Ganghoferei findet sich selbst noch im *Cornet*. Im Mittelpunkt des *Törless* steht wie bei Wildenbruch der Diebstahl an Kameraden und seine Bestrafung durch die Kameraden. Die Selbstjustiz als Leitmotiv der Kadettengeschichte ist kein Zufall: erst mit einer spezifischen Rechtsordnung ist eine Gruppe als solche konstituiert und ausgewiesen. Auch Schillers *Räuber*, dieses Musterbeispiel einer Bandenbildung, rücken das Problem der neuen Rechtsordnung an die zentrale Stelle.
Bei Wildenbruch war die Genossenschaft gleichberechtigt in allen ihren Gliedern zum Urteil zusammengetreten. Bei Musil haben zwei Rädelsführer, Reiting und Beineberg, die Macht an sich gerissen und urteilen willkürlich, als Despoten. Törless wird durch Zufall Zeuge einer Szene, wo sie den beim Diebstahl ertappten Basini zum Sklaven degradieren und ihn sich zunächst einmal sexuell hörig machen. [...]
Dreiundzwanzig Jahre war Musil alt, als er diese Analysen niederschrieb. Nur Otto Weininger, ein anderer Wiener, hat im gleichen Alter ähnlich tief gelotet, allerdings in einer überhitzten, gewissermaßen schwulen Form, die den

Selbstmord schon vom Stil her mit einbeschließt. Musil besitzt die kristallene Schärfe Freuds. [...]

Der Sadismus eines brutalen Machtmenschen war bei Wildenbruch wenigstens als latente Möglichkeit am Rand notiert. Mit den drei anderen Hauptgestalten seines Romans stieß Musil in Neuland vor und machte dreierlei sichtbar: die sexuelle Komponente des Machttriebes bei Beineberg; die Lustquote, die Basini, das Opfer, in der Erniedrigung findet; die Ansteckungsgefahr selbst für den scheinbar immunen Törleß, der moralisch, geistig, physisch angeekelt ist und dennoch übermannt wird, als Basini in sein Bett steigt und sich ihm in masochistischer Unterwürfigkeit anbietet. Törleß muß durch diese Selbstentfremdung hindurch, er muß die äußersten Grenzen seines Wesens abstecken lernen, ehe er seiner ganz sicher und bewußt wird. Das Grundthema des Buches ist eine geradezu cartesianische Ichfindung oder, wie Musil es einmal formuliert hat, ›Gründung eines Selbstbewußtseins‹. [...]

Der provokante letzte Satz des Buches führt nicht nur über Rilkes *Turnstunde* hinaus – er gibt zugleich Rilkes mißglücktem *Pierre Dumont* die adäquate neue Gestalt mit neuen sprachlichen und geistig-seelischen Mitteln.

Schiller hat als Karlsschüler eine ähnliche Kadettenerziehung durchgemacht [...]. Kleist und Platen wären als weitere illustre Zeugen heranzuziehen. Musils Roman hat bei aller Verschiedenheit des inneren Tempos mit Kleists bohrender Schärfe mehr zu tun als die vulkanischen Ausbrüche der Frühexpressionisten. [...]

Mit einem dritten österreichischen Dichter sei geschlossen – mit Kafka. Seine um 1914 entstandene *Truppenaushebung* ist keine Kadettengeschichte im strengeren Sinn – und doch schließt die kurze Skizze bewußt oder unbewußt an den *Törleß* von Musil an. Die beiden Dichter sind sich kaum begegnet und haben sich immer wieder in merkwürdiger Distanz umkreist. Eine der frühesten und tiefsten Analysen von Kafkas Werk stammt aus Musils Feder. Und Kafkas

Offizier in der *Truppenaushebung* scheint uns der zum Leutnant ausgewachsene Kadett Reiting aus dem *Törless* zu sein.

Auch Kafkas Schilderung nimmt aufs unheimlichste eine besondere Art von späterem ›Führertum‹ voraus: ›Er ist ein junger Mann, schmal, nicht groß, schwach, nachlässig angezogen, mit müden Augen. Unruhe überläuft ihn immerfort, wie einen Kranken das Frösteln. Ohne jemand anzuschauen, macht er mit einer Peitsche, die seine ganze Ausrüstung bildet, ein Zeichen.‹ Ein paarmal läßt er sie fallen, halb in Erschöpfung, halb in Widerwillen. Seine Opfer müssen dann herbeispringen und sie aufheben, ehe sie wieder in Reih und Glied zu den andern treten.

Das Ziel der Truppenaushebung bleibt unbekannt. Man ahnt nur: keiner kommt zurück. Ein fremdes Mädchen meldet sich freiwillig an Stelle ihrer Angehörigen. Das Opfer wird nicht angenommen. Der Offizier spricht kein Wort dabei. Er blickt kaum auf. Kafka schließt abrupt: ›Sie flüchtet zitternd und geduckt aus der Tür und bekommt noch einen Faustschlag des Soldaten in den Rücken.‹

Wilhelm Emrich hat in seinem großen Kafkabuch diese Szene mit dem Opfergang der Jungfrau von Orleans und Käthchens von Heilbronn konfrontiert: beide werden zunächst abgewiesen, gefoltert oder geschändet und zuletzt doch erhört. Bei Kafka ist der Sturz in die Tiefe unwiderruflich.

In einer zweiten Erzählung Kafkas *Die Strafkolonie* ist der Leutnant zum Oberst avanciert. Er hat eine Torturmaschine erfunden, die das Opfer langsam tötet und ihm dabei gleichzeitig das Urteil in die Haut ätzt. Eine zivilere Epoche ist eingetreten, die Maschine soll abgebaut, der Kommandant abgelöst werden. Das Leben hat für ihn damit den Sinn verloren. Auch er versteht die Welt nicht mehr. Er legt sich unter die Maschine, die in Trümmer geht. ›Ich will ein Hundsfott sein, wenn ich das zulasse‹, ruft in einer späteren Variante zum Text der Reisende aus, dem der Bericht zugeschrieben wird. Und schon kriecht er auf allen vieren – nicht anders als Basini, der im *Törless*, zum Tier degradiert, als Tier auf dem Boden winselte.

›Die Erzählung ist peinlich‹, schrieb 1916 der Verleger Kurt Wolff an den Dichter. Kafka antwortete: ›Die Zeit ist peinlich.‹«

> Robert Minder: Kadettenhaus, Gruppendynamik und Stilwandel von Wildenbruch bis Rilke und Musil. In: R. M.: Kultur und Literatur in Deutschland und Frankreich. Fünf Essays. Frankfurt a. M.: Insel Verlag, 1962. S. 73–75, 77f., 80–82, 84 und 88f. – © 1962 Insel Verlag, Frankfurt am Main.

3. Der Mensch als Ding, als Sache

a) Die Voraussetzung: Erziehung zur Grausamkeit

In den vierziger Jahren untersuchten die aus Deutschland in die USA emigrierten Wissenschaftler Theodor W. Adorno und Max Horkheimer Ursachen für aggressives menschliches Verhalten und beschrieben dabei den »manipulativen Charakter«, der sich später als konstitutiv auch für die Täterpersönlichkeit von Nazi-Verbrechern herausstellte. Auch die Rolle der Erziehung zur Disziplin durch Härte wurde von Adorno und Horkheimer analysiert, dreißig Jahre bevor dieses Thema zu einem Modethema in der pädagogischen Literatur wurde. THEODOR W. ADORNO in einem Vortrag von 1966:

»Ich erinnere daran, daß der fürchterliche Boger[9] während der Auschwitz-Verhandlung[10] einen Ausbruch hatte, der

---

9 Wilhelm Boger, Angehöriger der Auschwitzer Lagergestapo, vgl. auch Peter Weiss, *Die Ermittlung* (»Gesang von der Schaukel«).
10 Prozess vor dem Landgericht Frankfurt am Main von Dezember 1963 bis August 1965, in dem 24 Angehörige der Administration des Konzentrationslagers Auschwitz wegen Mordes an Juden, Polen, Sinti/Roma und sowjetischen Kriegsgefangenen angeklagt wurden.

gipfelte in einer Lobrede auf Erziehung zur Disziplin durch Härte. Sie sei notwendig, um den ihm richtig erscheinenden Typus vom Menschen hervorzubringen. Dies Erziehungsbild der Härte, an das viele glauben mögen, ohne darüber nachzudenken, ist durch und durch verkehrt. Die Vorstellung, Männlichkeit bestehe in einem Höchstmaß an Ertragenkönnen, wurde längst zum Deckbild eines Masochismus, der – wie die Psychologie dartat – mit dem Sadismus nur allzu leicht sich zusammenfindet. Das gepriesene Hart-Sein, zu dem da erzogen werden soll, bedeutet Gleichgültigkeit gegen den Schmerz schlechthin. Dabei wird zwischen dem eigenen und dem anderer gar nicht einmal so sehr fest unterschieden. Wer hart ist gegen sich, der erkauft sich das Recht, hart auch gegen andere zu sein, und rächt sich für den Schmerz, dessen Regungen er nicht zeigen durfte, die er verdrängen mußte. Dieser Mechanismus ist ebenso bewußt zu machen wie eine Erziehung zu fördern, die nicht, wie früher, auch noch Prämien auf den Schmerz setzt und auf die Fähigkeit, Schmerzen auszuhalten. Mit anderen Worten: Erziehung müßte Ernst machen mit einem Gedanken, der der Philosophie keineswegs fremd ist: daß man die Angst nicht verdrängen soll. Wenn Angst nicht verdrängt wird, wenn man sich gestattet, real so viel Angst zu haben, wie diese Realität Angst verdient, dann wird gerade dadurch wahrscheinlich doch manches von dem zerstörerischen Effekt der unbewußten und verschobenen Angst verschwinden.

Menschen, die blind in Kollektive sich einordnen, machen sich selber schon zu etwas wie Material, löschen sich als selbstbestimmte Wesen aus. Dazu paßt die Bereitschaft, andere als amorphe[11] Masse zu behandeln. Ich habe die, welche sich so verhalten, in der *Authoritarian Personality*[12] den manipulativen Charakter genannt, und zwar zu einer Zeit,

11 formlose.
12 In: *Studies in Prejudice*, hrsg. von Max Horkheimer und S. H. Flowerman, Bd. 1, New York 1950.

als das Tagebuch von Höß[13] oder die Aufzeichnung von Eichmann[14] noch gar nicht bekannt waren. Meine Beschreibungen des manipulativen Charakters datieren auf die letzten Jahre des zweiten Weltkrieges zurück. Manchmal vermögen Sozialpsychologie und Soziologie Begriffe zu konstruieren, die erst später empirisch ganz sich bewahrheiten. Der manipulative Charakter – jeder kann das an den Quellen kontrollieren, die über jene Naziführer zur Verfügung stehen – zeichnet sich aus durch Organisationswut, durch Unfähigkeit, überhaupt unmittelbare menschliche Erfahrungen zu machen, durch eine gewisse Art von Emotionslosigkeit, durch überwertigen Realismus. Er will um jeden Preis angebliche, wenn auch wahnhafte Realpolitik betreiben. Er denkt oder wünscht nicht eine Sekunde lang die Welt anders, als sie ist, besessen vom Willen *of doing things*, Dinge zu tun, gleichgültig gegen den Inhalt solchen Tuns. Er macht aus der Tätigkeit, der Aktivität, der sogenannten *efficiency* als solcher einen Kultus, der in der Reklame für den aktiven Menschen anklingt. Dieser Typ ist unterdessen – wenn meine Beobachtungen mich nicht trügen und manche soziologische Untersuchungen Verallgemeinerung gestatten – viel weiter verbreitet, als man denken könnte. Was damals nur einige Nazimonstren exemplifizierten, wird man heute feststellen können an sehr zahlreichen Menschen, etwa jugendlichen Verbrechern, Bandenführern und ähnlichen, von denen man jeden Tag in der Zeitung liest. Hätte ich diesen Typus des manipulativen Charakters auf eine Formel zu bringen – vielleicht soll man es nicht, aber zur Verständigung mag es doch gut sein –, so würde ich ihn den Typus des *verdinglichten Bewußtseins* nennen. Erst haben die Menschen, die so geartet sind, sich selber gewisser-

13 Rudolf Höß, ab 1934 in der SS, 1940–43 Kommandant in Auschwitz.
14 Adolf Eichmann, ab 1932 in der SS, im Reichssicherheitshauptamt zuständig für Deportationen in die KZ, 1960 in Buenos Aires aufgespürt und verhaftet, 1961 in Jerusalem zum Tode verurteilt, 1962 hingerichtet, verfasste Aufzeichnungen zur eigenen Verteidigung.

3. Der Mensch als Ding, als Sache

maßen den Dingen gleichgemacht. Dann machen sie, wenn es ihnen möglich ist, die anderen den Dingen gleich. Der Ausdruck ›fertigmachen‹, ebenso populär in der Welt jugendlicher Rowdies wie in der der Nazis, drückt das sehr genau aus. Menschen definiert dieser Ausdruck ›fertigmachen‹ als im doppelten Sinn zugerichtete Dinge. Die Folter ist nach der Einsicht von Max Horkheimer die in Regie genommene und gewissermaßen beschleunigte Anpassung der Menschen an die Kollektive. Etwas davon liegt im Geist der Zeit, sowenig es auch mit Geist zu tun hat. Ich zitiere bloß das vor dem letzten Krieg gesprochene Wort von Paul Valéry[15], die Unmenschlichkeit habe eine große Zukunft. Besonders schwer ist es, dagegen anzugehen, weil jene manipulativen Menschen, die zu Erfahrungen eigentlich nicht fähig sind, eben deshalb Züge von Unansprechbarkeit aufweisen, die sie mit gewissen Geisteskranken oder psychotischen Charakteren, den Schizoiden, verbinden.«

> Theodor W. Adorno: Erziehung nach Auschwitz. In: Th. W. A.: Stichworte. Kritische Modelle 2. Frankfurt a. M.: Suhrkamp, 1978. S. 93–95. – © 1969 Suhrkamp Verlag, Frankfurt am Main.

Die Rede HEINRICH HIMMLERS auf einer Gruppenleitertagung in Posen vom 4. Oktober 1943 zeigt ein Resultat der Härte-Erziehung in seinem ganzen grauenhaften Ausmaß. Auffallend ist die Ähnlichkeit der entmenschlichenden Begründung für die Grausamkeit gegenüber anderen zwischen Musils Romanfigur Beineberg und Himmler. Himmler war als Reichsführer SS und Innenminister (ab Sommer 1943) einer der Hauptverantwortlichen für die Massenmorde an Juden und Kriegsgefangenen sowie für andere Nazi-Verbrechen.

---

15 1871–1945, französischer Schriftsteller und Philosoph.

»Gemüt am falschen Platze
[...] Ein Grundsatz muss für den SS-Mann absolut gelten: ehrlich, anständig, treu und kameradschaftlich haben wir zu Angehörigen unseres eigenen Blutes zu sein und zu sonst niemandem. Wie es den Russen geht, wie es den Tschechen geht, ist mir total gleichgültig. Das, was in den Völkern an gutem Blut unserer Art vorhanden ist, werden wir uns holen, indem wir ihnen, wenn notwendig, die Kinder rauben und sie bei uns großziehen. Ob die anderen Völker in Wohlstand leben oder ob sie verrecken vor Hunger, das interessiert mich nur soweit, als wir sie als Sklaven für unsere Kultur brauchen, anders interessiert mich das nicht. Ob bei dem Bau eines Panzergrabens 10 000 russische Weiber an Entkräftung umfallen oder nicht, interessiert mich nur insoweit, als der Panzergraben für Deutschland fertig wird. Wir werden niemals roh und herzlos sein, wo es nicht sein muss; das ist klar. Wir Deutsche, die wir als einzige auf der Welt eine anständige Einstellung zum Tier haben, werden ja auch zu diesen Menschentieren eine anständige Einstellung einnehmen, aber es ist ein Verbrechen gegen unser eigenes Blut, uns um sie Sorge zu machen und ihnen Ideale zu bringen, damit unsere Söhne und Enkel es noch schwerer haben mit ihnen. [...]

Die innere Front
[...] Wenn man so viele Menschen erschiessen lassen musste, wie wir das tun mussten oder wie ich das muss, dann kommt es einen immer härter an, ein Todesurteil zu unterschreiben. Wie ich Reichsinnenminister wurde, sagte jeder (denn es ist ja furchtbar leicht ausgesprochen): Herr, greifen Sie durch, bleiben Sie hart. Von Ihnen erwartet das deutsche Volk ungeheure Härte. – Die habe ich schon, da brauche ich garkeine Mahnung. Ausgesprochen ist so etwas sehr leicht, aber: ein Todesurteil bedeutet maßloses Elend für eine ganze Familie, bedeutet die Schändung eines Namens, der vorher ehrenhaft war. [...]

3. Der Mensch als Ding, als Sache

Das Ausleseprinzip

[...] Wir haben immer wieder ausgesucht und abgestossen, was nicht taugte, was nicht zu uns passte. So lange wir dazu die Kraft haben, so lange wird dieser Orden[16] gesund sein. In dem Augenblick, in dem wir das Gesetz unserer Volksgrundlage und das Gesetz der Auslese und der Härte gegen uns selbst vergessen würden, in dem Augenblick würden wir den Keim des Todes in uns haben, in dem Augenblick würden wir zugrundegehen, wie jede menschliche Organisation, wie jede Blüte in dieser Welt einmal zu Ende geht. Dieses Erblühen und dieses Fruchttragen für unser Volk möglichst segensreich, möglichst lange und – erschrecken Sie nicht – möglichst in die Jahrtausende gehen zu lassen, muss unser Bestreben, muss unser inneres Gesetz sein. Deswegen sind wir verpflichtet, wann immer wir zusammenkommen und was wir auch tun, uns unseres Grundsatzes zu besinnen: Blut, Auslese, Härte. Das Gesetz der Natur ist eben dies: Was hart ist, ist gut, was kräftig ist, ist gut, was aus dem Lebenskampf körperlich, willensmässig, seelisch sich durchsetzt, das ist das Gute, – immer auf die Länge der Zeit gesehen.«

> Zit. nach: Der Prozeß gegen die Hauptkriegsverbrecher vor dem Internationalen Militärgerichtshof. Nürnberg 14. November 1945 – 1. Oktober 1946. Amtl. dt. Ausg. Bd. 29. Nürnberg [o. V.] 1948. Dok. 1919. S. 122f., 131 und 148. – Mit Genehmigung des Freistaats Bayern.

Eine psychoanalytische Einordnung der Himmler-Rede nimmt ALICE MILLER vor:

»Diese Rede enthält alle Elemente des komplizierten psychodynamischen Mechanismus, den man mit *Abspaltung und Projektion der Selbstteile* umschreiben kann. [...] Die Erziehung zur sinnlosen Härte macht es notwendig,

---

16 Himmler nannte die SS »seinen Orden«.

daß *alles Schwache* (d. h. auch Emotionalität, Tränen, Mitleid, Einfühlung in sich und andere, Gefühle von Ohnmacht, Angst, Verzweiflung) ›gnadenlos‹ im Selbst *niedergekämpft werden muß*. Um diesen Kampf gegen das Menschliche im eigenen Innern zu erleichtern, wurde den Bürgern im Dritten Reich ein Objekt als Träger aller dieser verabscheuten (weil in der eigenen Kindheit verbotenen und gefährlichen) Eigenschaften angeboten – das jüdische Volk. Ein sogenannter ›Arier‹ konnte sich rein, stark, hart, klar, gut, eindeutig und moralisch in Ordnung fühlen, von den ›bösen‹, weil schwachen und unkontrollierten Gefühlsregungen befreit, wenn alles, was er seit seiner Kindheit in seinem Innern befürchtete, den Juden zugeschrieben und bei ihnen unerbittlich und *immer aufs Neue* kollektiv bekämpft werden mußte und durfte.
Es scheint mir, daß wir immer noch von der Möglichkeit eines ähnlichen Verbrechens umgeben sind, solange wir seine Gründe und seinen psychologischen Mechanismus nicht verstanden haben.«

> Alice Miller: Am Anfang war Erziehung. Frankfurt a. M.: Suhrkamp, 1981. S. 100f. – © 1980 Suhrkamp Verlag, Frankfurt am Main.

b) Die Folgen: der »Grausamkeitsarbeiter« in den Bürokratien totalitärer Systeme

In seiner Untersuchung *Zwei Arten der Grausamkeit* setzt sich ALEXANDER MITSCHERLICH mit wesentlichen Aggressionstheorien in der Psychologie und Psychoanalyse seit Freuds Todestriebhypothese auseinander. Er kommt zu dem Schluss, dass aggressives Verhalten im Wesentlichen von drei theoretischen Ansätzen her erfasst werden kann, von denen jedoch keiner alleine das Phänomen vollständig erklären könnte: Aggression als Ausdruck der Enttäuschung (Frustrationstheorie), Aggression als Ausdruck eines Triebgeschehens (Triebtheorie), Aggression als erlerntes Verhalten in einer Gesellschaft (Lerntheorie).

3. Der Mensch als Ding, als Sache

Mitscherlichs Analyse des »Grausamkeitsarbeiters« trifft frappierend einige der von Musil in den Romanfiguren Reiting und Beineberg gestalteten Verhaltensweisen des aggressiven Menschen, z. B. Grausamkeit gegenüber Wehrlosen, Entmenschlichung des auserkorenen Opfers, Umdeutung der Motive bei gesellschaftlichem Wertewandel, Umgang mit Schuld und Gewissen.

»Bei den folgenden Überlegungen geht es nicht um individuelles, sozusagen ›privat‹ grausames Verhalten allein, sondern ebenso um Gewalttätigkeit und Grausamkeit an wehrlosen Opfern und Feinden, die in kollektivem Einverständnis erfolgt. Die Geschichte der Pogrome – als Beispiel genommen – zeigt, wie bestimmte Erzfeinde durch unbewußt gesteuerte Wahrnehmungsprozesse in der Gefahr schweben, ihre Menschenbildlichkeit zu verlieren – enthumanisiert zu werden. Was aus solcher innerer Haßimago heraus dann wirklichen Menschen angetan wird, das deckt die kollektive Urteilsverfälschung, hier ginge es nicht um Menschen, sondern um Schädlinge der menschlichen Gesellschaft. [...]
Die zwei Arten von Grausamkeit, die ich unterscheiden möchte, lassen sich am kürzesten als Grausamkeits*lust* und Grausamkeits*arbeit* bezeichnen. Die Grausamkeitslust entsteht aus einer frühzeitigen Fixierung der Libidoentwicklung – aus einer perversen sexuellen Konstellation also; die Grausamkeitsarbeit ist asexuell destruktiv. [...]
Wenn wir eine Hypothese wagen, würden sie etwa lauten: im Gegensatz zum Sadismus sind bei den Grausamkeitsarbeitern die libidinösen und die destruierenden Triebvorgänge streng voneinander getrennt. Es ist eine tiefgehende Triebentmischung eingetreten. Die sexuelle und die aggressive Erregungsweise legieren sich nicht; vielmehr ist die Persönlichkeitsstruktur eher vom Typus der multiplen[17] Persönlichkeit, sie ist durch einen tiefen ›Egosplit‹ gekenn-

---

17 Mehrfach-.

zeichnet: Mörder und rührender Vater und Ehemann in einem, wie der Auschwitz-Kommandant Höß. Die Herkunft dieser Form der destruktiven Grausamkeit ist auch nicht wie beim Zwangsneurotiker nur aus der Abwehr der Angst vor der Sexualität anzusehen, denn das private Sexualleben solcher Menschen, die von Gruppen gestützte Grausamkeiten vollbringen, scheint kaum Störungen zu zeigen.

Diese Ich-Spaltung hat natürlich etwas mit dem mangelnden Schuldgefühl zu tun, das man erstaunlicherweise bei diesen Grausamkeitsarbeitern feststellen muß. Ohne Mordauftrag sind diese Leute buchstäblich harmlos. Die Rolle dieses Wehr- oder SS-Dienstpflichtigen, der getötet hat, können sie abwerfen, wie die Eidechse den Schwanz abwirft; das hat die Zeit nach 1945 deutlich gezeigt.

Wir müssen nun die Frage stellen, aufgrund welchen infantilen Triebschicksals diese Individuen auf eine plumpe oder auf eine hochgradig elaborierte Weise, fanatisch oder dumpf gehorsam, Artgenossen quälen, foltern, töten.

Vielleicht dient es der Klärung, wenn wir vorher die Situation betrachten, in der sich diese schwer oder gar nicht einfühlbaren Grausamkeitsausbrüche ereignen. Es scheint, daß Grausamkeit bei vielen Menschen möglich wird, wenn das Opfer wehrlos ist. Dies muß von überragender Bedeutung sein, denn diese Wehrlosigkeit bietet die Möglichkeit eines vom Opfer ungestörten Omnipotenzerlebnisses[18] an. Die Tötung des schutzlosen Opfers ist die perverse Umkehr eines durch die Wehrlosigkeit hervorgerufenen Schutzverhaltens. In den Glaubens- oder Ideologiekämpfen bedeutet die Möglichkeit, einen Menschen foltern und töten zu können, in der unbewußten Phantasie den Triumph über den Wert, die Ideale des Feindes, über alles, was ihn stark macht. Die Wehrlosigkeit wird dahin gedeutet, daß sie nichts ist als ein Zeichen seiner Schwäche, seines Unwertes. Sie motiviert deshalb kein Mitleid. Grausamkeit wird gleichsam nach

---

18 Erlebnis der eigenen Allmächtigkeit.

3. Der Mensch als Ding, als Sache

Dienstreglement ausgeübt, stur. In den Hexenverfolgungen der Inquisition muß dieses Handeln aus paranoiden Ängsten, die mit einem paranoiden Gegensystem (der Teufelsaustreibung) abgewehrt werden sollten, eine entscheidende Rolle gespielt haben.

›Die Tortur ist das fürchterlichste Ereignis, das ein Mensch in sich aufbewahren kann‹, schrieb Jean Améry[19] in seinem Essay über *Die Tortur*. Es ist bedenkenswert, daß wir über die intrapsychische Konstellation, die so grauenvolles Verhalten und so unauslöschliche Erlebnisse hervorbringt, nur so unzulänglich – bei näherer Betrachtung eigentlich kaum überhaupt – informiert sind. Ein Grund liegt in der ›Normalität‹ dieser Grausamkeit. Gerade die Recherchen über My Lai[20] haben gezeigt, daß sich die Beteiligten an dem Massaker keineswegs als krankhaft entartete Bürger ihrer Gesellschaft empfinden, sondern vielmehr, daß sie sehr leicht die Rolle der Patrioten spielen können, die ihrem Vaterlande dienten. Das ist eine deutliche Selbststilisierung, in welcher das Töten Wehrloser so lange abschattiert wird, bis im Zwielicht die Umdeutung in nationale Pflichterfüllung gelungen ist. Bei diesem Prozeß der Deutung folgen den in militärischem Auftrag Mordenden nachweislich Millionen ihrer Mitbürger in der Heimat und überall in der Welt ohne Widerspruch. Wahrscheinlich würden diese Soldaten oder Offiziere, wenn der Zufall es fügte und sie Zeugen des ›Liebesspiels‹ eines echten Sadisten würden, ihm in den Arm fallen und sein Verhalten moralisch verurteilen.

Dem Grausamkeitsarbeiter, der in der Lagersituation, im Folterkeller offensichtlich der Stärkere ist und sich nicht darauf berufen kann, in Selbstverteidigung oder aus Angst zu handeln, fehlt später anscheinend jeglicher Symptomdruck. Sein Gewissen pflegt bei der Tat und nach der Rückkehr ins normale bürgerliche Leben zu schweigen, viel-

---

19 Zu Améry vgl. S. 129–134.
20 Massaker an vietnamesischen Zivilisten, begangen 1968 während des Vietnamkrieges.

leicht weil er eben diesen Teil seiner Persönlichkeit, seiner multipel gewordenen Persönlichkeit mit Erfolg, wie seine Uniform, ›auszuziehen‹ vermag. Es handelt sich um den Vorgang kollektiver Schuldabwehr. Was Améry vom Gefolterten sagt, daß er mit der Erinnerung an ein furchtbares Ereignis weiterleben muß, scheint nicht für die Folterknechte zu gelten. Die Nazimörder haben sich mühelos in die Gesellschaft der Bundesrepublik und der DDR eingegliedert. Sie haben dort keineswegs Lustmorde oder sonstige schwere Gewalttaten verübt; und auch keine Zeichen eines sie beunruhigenden Gewissens gezeigt. Ihr Gewissen hat vielmehr sofort angepaßt an die neue Situation funktioniert.

Das überaus Verwunderliche dieser Grausamkeitsbürokraten ist doch, daß für sie das Objekt ihrer Tätigkeit nahezu austauschbar ist, es erfährt nicht als solches eine besondere affektive Besetzung. Ob sie sonst ein Produktions- oder Transportproblem zu lösen haben oder zum Tod verurteilte Gegner zu Zehntausenden und Millionen in ihren Vernichtungsmaschinen umbringen, macht für sie keinen wesentlichen Unterschied. Die Destruktion, die sie in so gigantischem Umfang ohne Widerspruch ausüben, hat sich bei ihnen zu einem Problem bürokratischer Organisation verwandelt. Auf diesen organisatorischen Skill sind sie dann stolz.

›Das Gewissen‹, sagt Freud, ›ist in seinem Ursprung soziale Angst und nichts anderes.‹[21] Wenn es von der Gesellschaft Befriedigungen freigegeben bekommt, die sonst durch die Regulationen, die es erfährt, unerreichbar, vielleicht sogar unvorstellbar bleiben, dann widersteht das Ich vieler Individuen nicht der Verlockung zu regredieren und unter dem Schutz der Gesellschaft destruktiven Phantasien, Phantasien der frühen anal-sadistischen Libido-Organisation, zu

---

21 Sigmund Freud, »Zeitgemäßes über Krieg und Tod«, in: S. F.: *Gesammelte Werke*, Bd. 10, Frankfurt a. M. 1946, S. 330.

folgen und sie in die Wirklichkeit umzusetzen. Daß sich dabei Destruktionslust vergleichbar der sadistischen Quällust einstellt, ist in hohem Maß wahrscheinlich. Aber diese Lust ist *Lust der aggressiv-grausamen Gewalttat*; Lust, die mit einer Bestätigung der eigenen Überlegenheit einhergeht, mit der Verwirklichung der Phantasien des ›grandiosen Selbst‹ (H. Kohut). Sie ist keine ausgeborgte Sexuallust. Der SS-Mann, der bei der ›Säuberung‹ des Ghettos von Warschau einen Säugling an den Füßen packt und gegen die Wand schmettert, hat dabei kein Lusterlebnis sexueller, wohl aber ein primärprozeßhaftes Lusterlebnis omnipotenter Art. Er ist wie der Gott Schiwa ein Gott der Zerstörung.

Die Zahl der infantilen Charaktere, denen eine derartige Lustbefriedigung über die sexuelle geht, scheint nicht klein zu sein; und damit ist die Gefahr nicht gering, daß in einer neuen Begegnung mit einem charismatischen Führer diese Menschen als Gefolgsleute und Mitläufer wiederum zu jeder Form von Vernichtung ihrer Artgenossen bereit sind, wenn sich dabei ein bürokratisches Arbeitsziel mit dem Töten verbinden läßt, bzw. wenn das Töten selbst zu einem solchen Arbeitsziel wird.«

> Alexander Mitscherlich: Zwei Arten der Grausamkeit. In: A. M.: Toleranz – Überprüfung eines Begriffs. Frankfurt a. M.: Suhrkamp, 1979. S. 171 und 183–188. – © 1974 Suhrkamp Verlag, Frankfurt am Main.

4. Das Erkenntnisproblem und sein Ausdruck

a) Versagen oder Zauber der Worte

Die Literaturwissenschaftlerin MONIKA SCHMITZ-EMANS beschreibt ein frühes, magisches Verhältnis zur Sprache und besonders zu den Namen:

»Nicht allein die Philosophie hat sich mit dem Problem Sprache auseinandergesetzt. Das mythisch-magische Denken steht seit jeher im Zeichen des Glaubens an die magische Kraft von Wörtern, zumal von Namen, an Namenszauber, an wortgebundene Magie. Wörter gelten hier als Schlüssel zum Wesen der Dinge, die Dinge als durch Namensnennung beeinflußbar und beherrschbar. [...] Die Bedeutung sprachlicher Formeln in der magischen Praxis der verschiedensten Kulturen beruht auf einem vielleicht niemals ganz zu eliminierenden Glauben an die Macht der Namen und an die Macht dessen, der sich ihrer zu bedienen weiß. Märchen, Mythen und Legenden berichten von dieser Macht. Man sagt ›Sesam öffne dich‹ und erhält Zutritt zu verborgenen Schätzen; das rechte Wort macht dem Kundigen allerlei Geister dienstbar, bannt die Mächte des Übernatürlichen, bewirkt das Außerordentliche. Eine einzige Frage ist es, mit deren Hilfe der Gralskönig erlöst werden könnte – und mit einem einzigen Wortspiel entzieht sich Odysseus der Rache des Polyphem. Ein Rest naiver Wortgläubigkeit steckt wohl in jedem noch so ›vernünftigen‹ Zeitgenossen, der sich von Ausdrücken und Formeln in deren Bann schlagen läßt. Für die suggestive Kraft sprachlicher Wendungen spricht die alltäglichste Erfahrung; in Kommunikationssituationen verschiedenster Art wird darauf gesetzt. Hans Blumenberg[22] hat nach den anthropologischen Ursachen des Glaubens an die Kraft der ›Namen‹

---

[22] Hans Blumenberg, *Arbeit am Mythos*, Frankfurt a. M. 1979, S. 40f. (Kap. 2: »Einbrechen des Namens in das Chaos des Unbenannten«).

4. Das Erkenntnisproblem und sein Ausdruck

gefragt; er sieht sie in der Bedrohlichkeit, mit der das Unbenannte dem Menschen gegenübertritt und in dem komplementären Bedürfnis, auf das Namenlose und darum als gefährlich Empfundene durch Benennung zu reagieren. Die Welt ist zunächst schrecklich, weil namenlos; sobald die Dinge dann aber einen Namen haben, läßt sich mit ihnen umgehen – und Geschichten, die Erweiterungen der ›Namen‹, bezeugen, daß und wie sich der Mensch der Dinge bemächtigt.«

> Monika Schmitz-Emans: Die Sprache der modernen Dichtung. München: Fink, 1997. S. 12 f.
> – © 1997 Wilhelm Fink GmbH & Co. Verlags-KG, München.

Im *Törleß* sieht es anders aus. Mit dem im Roman gestalteten »Versagen« der Worte setzt sich der Literaturwissenschaftler CLAUDIO MAGRIS auseinander:

»Die Sprache ist für Törleß eine Reihe von ›Versagen‹, die Worte sind ›zufällige Ausflüchte für das Empfundene‹ [D.V.d.Z.T., S. 92 / GW II, S. 65], die einheitliche Bedeutung einer Erfahrung wird zersetzt durch den Ausdruck: ›[...] das, was wir in einem Augenblick ungeteilt und ohne Fragen erleben, wird unverständlich und verwirrt, wenn wir es mit den Ketten der Gedanken zu unserem bleibenden Besitze fesseln wollen‹ [D.V.d.Z.T., S. 91 / GW II, S. 65]. Die artikulierte Sprache und ihre zeitliche Dimension zersplittern die Totalität des Lebens; was sich im Innern abspielt, entzieht sich der Formulierung. ›Es war ihm nur so durch die Grenzen des Bewußtseins geschossen – blitzschnell oder undeutlich weit – am Rande – nur im Fluge gesehen – kaum ein Gedanke zu nennen. Und hastig war darauf eine Reihe von Fragen gefolgt, die es verdecken sollten. [...] Aber alle diese Fragen waren nicht das Eigentliche. Berührten es kaum. Sie waren etwas Sekundäres; etwas, das Törleß erst nachträglich eingefallen war. Sie vervielfältigen sich nur, weil keine das Rechte bezeichnete. Sie waren nur

Ausflüchte, Umschreibungen der Tatsache, daß vorbewußt, plötzlich, instinktiv ein seelischer Zusammenhang gegeben war, der sie vor ihrem Entstehen schon in bösem Sinne beantwortet hatte.‹ [D.V.d.Z.T., S. 44f. / GW II, S. 32f.]
Die Sprache stellt sich immer zu spät ein; das Wort kann nur Periphrase, Umschreibung, ein um die Fakten herum gezogenes Zeichen sein, nicht aber ein Zeichen des Faktums. Das Unaussprechliche ist wie ein Meer, das sich weder graduieren noch festhalten läßt: ›so wie wenn von einer unendlich sich in die Finsternis hineinerstreckenden Dünung nur einzelne losgelöste Teilchen an den Felsen eines beleuchteten Ufers in die Höhe spritzen, um gleich darauf hilflos aus dem Kreise des Lichtes wieder zu versinken‹ [D.V.d.Z.T., S. 128 / GW II, S. 90].
Ein Teilchen Schaum ist kein Atom, keine Einheit, keine Form; es sinkt gleich darauf in die amorphe Wassermasse zurück; das Wort taucht wieder ein in das unablässige Gemurmel des Psychisch-Vitalen und kennt weder Dauer noch Form, weil jedes Wort von anderen Worten bedrängt und vertrieben wird. ›[...] immer war es [...] als sei soeben ein Bild über die geheimnisvolle Fläche gehuscht, und nie gelang es ihm im Augenblicke des Vorganges selbst, diesen zu erhaschen. [...] wie [...] vor einem Kinematographen [...], wenn man neben der Illusion des Ganzen doch eine vage Wahrnehmung nicht loswerden kann, daß hinter dem Bilde, das man empfängt, Hunderte von – für sich betrachtet, ganz anderen – Bildern vorbeihuschen.‹ [D.V.d.Z.T., S. 128f. / GW II, S. 91.]«

> Claudio Magris: Musil und die Nähte der Zeichen. In: Philologie und Kritik. Klagenfurter Vorträge zur Musilforschung. Hrsg. von Wolfgang Freese. München/Salzburg: Fink, 1981. (Musil-Studien. 7.) S. 181 f. – © 1981 Wilhelm Fink GmbH & Co. Verlags-KG, München.

4. Das Erkenntnisproblem und sein Ausdruck

Auch in seinem Roman *Der Mann ohne Eigenschaften* hat ROBERT MUSIL die Auseinandersetzung mit der Sprachproblematik weitergeführt. Im Kapitel »Mondstrahlen bei Tage« erfährt die Hauptfigur Ulrich den »Besitz des richtigen Wortes« als Schutz und Rettung vor der »Wildheit der Dinge«:

»Es war wieder Sommerwetter geworden, und sie hielten sich viel im Freien auf: im Garten blühten Blumen und Sträucher. Wenn Ulrich eine Blüte betrachtete – was nicht gerade eine alte Gewohnheit des einstmals Ungeduldigen war –, so fand er jetzt manchmal des Ansehns kein Ende und, um alles zu sagen, auch keinen Anfang. Wußte er zufällig den Namen zu nennen, so war es Rettung aus dem Meere der Unendlichkeit. Dann bedeuteten die goldenen Sternchen auf einer nackten Gerte ›Goldbecher‹, und jene frühreifen Blätter und Dolden waren ›Flieder‹. Kannte er den Namen aber nicht, so rief er wohl auch den Gärtner herbei, denn dann nannte dieser alte Mann einen unbekannten Namen, und alles kam wieder in Ordnung, und der uralte Zauber, daß der Besitz des richtigen Wortes Schutz vor der ungezähmten Wildheit der Dinge gewährt, erwies seine beruhigende Macht wie vor zehntausenden Jahren.«

GW I, S. 1088.

Einen Höhepunkt erfuhr die Gestaltung der Sprachkrisenthematik durch HUGO VON HOFMANNSTHAL (1874–1929) in seinem berühmten fiktiven *Lord-Chandos-Brief* (1901):

»Dies ist der Brief, den Philipp Lord Chandos, jüngerer Sohn des Earl of Bath, an Francis Bacon, später Lord Verulam und Viscount St. Albans, schrieb, um sich bei diesem Freunde wegen des gänzlichen Verzichtes auf literarische Betätigung zu entschuldigen. [...]
Mein Fall ist, in Kürze, dieser: Es ist mir völlig die Fähigkeit abhanden gekommen, über irgend etwas zusammenhängend zu denken oder zu sprechen.

Zuerst wurde es mir allmählich unmöglich, ein höheres oder allgemeineres Thema zu besprechen und dabei jene Worte in den Mund zu nehmen, deren sich doch alle Menschen ohne Bedenken geläufig zu bedienen pflegen. Ich empfand ein unerklärliches Unbehagen, die Worte ›Geist‹, ›Seele‹ oder ›Körper‹ nur auszusprechen. Ich fand es innerlich unmöglich, über die Angelegenheiten des Hofes, die Vorkommnisse im Parlament oder was Sie sonst wollen, ein Urteil herauszubringen. Und dies nicht etwa aus Rücksichten irgend welcher Art, denn Sie kennen meinen bis zur Leichtfertigkeit gehenden Freimut: sondern die abstrakten Worte, deren sich doch die Zunge naturgemäß bedienen muß, um irgend welches Urteil an den Tag zu geben, zerfielen mir im Munde wie modrige Pilze. Es begegnete mir, daß ich meiner vierjährigen Tochter Catarina Pompilia eine kindische Lüge, deren sie sich schuldig gemacht hatte, verweisen und sie auf die Notwendigkeit, immer wahr zu sein, hinführen wollte, und dabei die mir im Munde zuströmenden Begriffe plötzlich eine solche schillernde Färbung annahmen und so ineinander überflossen, daß ich, den Satz, so gut es ging, zu Ende haspelnd, so wie wenn mir unwohl geworden wäre und auch tatsächlich bleich im Gesicht und mit einem heftigen Druck auf der Stirn, das Kind allein ließ, die Tür hinter mir zuschlug und mich erst zu Pferde, auf der einsamen Hutweide einen guten Galopp nehmend, wieder einigermaßen herstellte.

Allmählich aber breitete sich diese Anfechtung aus wie ein um sich fressender Rost. Es wurden mir auch im familiären und hausbackenen Gespräch alle die Urteile, die leichthin und mit schlafwandelnder Sicherheit abgegeben zu werden pflegen, so bedenklich, daß ich aufhören mußte, an solchen Gesprächen irgend teilzunehmen. [...] Mein Geist zwang mich, alle Dinge, die in einem solchen Gespräch vorkamen, in einer unheimlichen Nähe zu sehen: so wie ich einmal in einem Vergrößerungsglas ein Stück von der Haut meines kleinen Fingers gesehen hatte, das einem Blachfeld mit Fur-

chen und Höhlen glich, so ging es mir nun mit den Menschen und ihren Handlungen. Es gelang mir nicht mehr, sie mit dem vereinfachenden Blick der Gewohnheit zu erfassen. Es zerfiel mir alles in Teile, die Teile wieder in Teile, und nichts mehr ließ sich mit einem Begriff umspannen. Die einzelnen Worte schwammen um mich; sie gerannen zu Augen, die mich anstarrten und in die ich wieder hineinstarren muß: Wirbel sind sie, in die hinabzusehen mich schwindelt, die sich unaufhaltsam drehen und durch die hindurch man ins Leere kommt. [...]
A. D. 1603, diesen 22. August.   Phi. Chandos«

> Hugo von Hofmannsthal: Der Brief des Lord Chandos. Schriften zur Literatur, Kunst und Geschichte. Stuttgart: Reclam, 2000. S. 46, 50–52 und 59.

b) Denken und Dichten

MUSIL selbst hat die Gestaltung eines Denkprozesses vom sinnlichen Erleben über Erfassen, Verarbeiten bis zur Bewusstwerdung für das wesentliche Thema des *Törleß*-Romans und eines der Hauptthemen seines Gesamtwerkes gehalten. Für diese Gestaltung hat er sich von Anfang an in das Grenzgebiet von Dichtung und Wissenschaft begeben und sich dann zeitlebens mehr oder weniger intensiv mit den angrenzenden Wissenschaftsdisziplinen (Mathematik, Philosophie, Psychologie, Medizin, Soziologie, Literatur- und Sprachwissenschaft) vertraut gehalten. In Musils frühem essayistischen Werk ist die Begründung zu finden, weshalb er die Grenzen zwischen Dichtung und Wissenschaft völlig anders sieht als andere zeitgenössische Schriftsteller. In *Profil eines Programms* (1912) schreibt er:

»Aber warum schreibt man denn Kunst? Um Dinge noch einmal zu sagen? Es war einmal berechtigt, aber wir sind keine Rhapsoden. Warum beschäftigt man sich nicht mit

dem physikalischen Relativitätsprinzip, mit den logisch-mathematischen Paradoxas Couturat's,[23] mit ...?
Weil es Dinge gibt, die sich nicht wissenschaftlich erledigen lassen, die auch nicht mit den Zwitterreizen des Essays zu fangen sind, weil es Schicksal ist, diese Dinge zu lieben, Dichterschicksal. Gefühle u Gedanken sind unpersönlich u unkünstlerisch, die Art ihrer Verflechtung ist die Persönlichkeit u. ist die Kunst.«

GW II, S. 1317.

Mit Musils erkenntnistheoretischer Position, die hinter der Gestaltung eines Denkprozesses vom Erleben bis zum Bewusstsein des Erlebten sichtbar wird, setzt sich JAN ALER auseinander:

»›Das Problem saß fest.‹ Auch uns ist es längst vertraut geworden: der kleine Törleß hatte sich in die Frage nach dem Verhältnis von Bewußtsein und Wirklichkeit so gründlich verbissen, weil er an diesem Verhältnis litt. Ein eigentümlicher Widerspruch in der Erkenntnis beunruhigte ihn zutiefst: Die intellektuelle Verarbeitung der Erfahrung soll uns erschließen, was wirklich *ist*, tatsächlich aber entfernt sie uns von diesem Ziel. In der Komplexität des unmittelbaren Erlebnisses drängt sich uns ein Gefühl von Verwandtschaft mit den Dingen auf, im Erkennen jedoch werden sie uns zusehends fremd und unverständlich. In der Intimität jener Zuständlichkeit ergreift uns eine intuitive Totalitätserfahrung. Die entgegengesetzte Struktur entwickelt sich in der Erkenntnis: diskursiv entfernt sich das begriffliche Wissen, in dem sich so etwas wie Gegenständlichkeit konstituiert, immer ferner von der Wirklichkeit. Dieser Verfremdungseffekt kennzeichnet das Versagen von Vernunft und Sprache vor dem, was im Erlebnis gerade als wesentlicher Wirklichkeitsgehalt so fesselt: Sie versagen

23 Louis Couturat (1868–1914), französischer Mathematiker und Philosoph, Mitbegründer der mathematischen Logik.

4. Das Erkenntnisproblem und sein Ausdruck

vor dem mystischen Grundzug in solcher Erfahrung, der das Innesein von Wirklichkeit als In-ihr-sein auszeichnet. Nur Gleichgültiges läßt sich in die Sprache des Begriffes fassen.

Das Motto aus Maeterlinck bringt den Leser von Musils Erstling sofort auf die richtige Spur. Ganz im Sinne der oben erörterten, symbolistischen Vergegenwärtigung des Vorgegenständlichen als des Unaussprechlichen spricht es in bildhaften Hinweisen indirekt von dem, was es meint. Wird in Maeterlincks Formulierung der Symbolismus so ganz als Neu-Romantik sichtbar, die erschütternde Grenzerfahrung ist im damaligen Schrifttum auch wiederholt mit postrealistischer Präzision und Schärfe bezeugt worden. Ja, Hofmannsthal hatte im Brief des Lord Chandos bereits auf der Schwelle des Jahrhunderts dieses Dilemma, das bis an die Wurzeln der modernen Zivilisation reicht, existentiell auf vorbildliche Weise ausgelotet: Sein Zeugnis nahm das Bewußtsein der Krise in der zweiten Hälfte des Jahrhunderts vorweg, und aus dem gleichen Jahrzehnt, da Chandos und Törleß ihr Publikum aufklärten, stammen Diltheys lapidare Aufzeichnungen:

›Leben ist die Grundtatsache ... es ist das von innen Bekannte, es ist dasjenige, hinter welches nicht zurückgegangen werden kann ... das Leben ist nur da im Erleben ... Leben kann nicht vor den Richterstuhl der Vernunft gebracht werden.‹[24]«

> Jan Aler: Als Zögling zwischen Maeterlinck und Mach. In: Probleme des Erzählens in der Weltliteratur. Fs. Käte Hamburger. Hrsg. von Fritz Martini. Stuttgart: Klett, 1971. S. 265 f.

---

24 Wilhelm Dilthey, *Gesammelte Werke*, Bd. 7, Berlin 1926, S. 359 und 291.

5. Aspekte der literaturwissenschaftlichen Diskussion

Mit der von Musil nicht beabsichtigten und erst in späteren Jahren von ihm selbst zugestandenen Zeit- und Gesellschaftskritik im *Törleß*-Roman setzte sich die Musil-Forschung immer wieder auseinander. WILFRIED BERGHAHN sieht die Vorgeschichte der Diktaturen des 20. Jahrhunderts und die Entfremdung des Menschen gestaltet. Auch wenn er Musil für einen unpolitischen Autor hält, stuft er den Roman ein als »vielleicht das hellsichtigste Buch, das vor dem Ersten Weltkrieg geschrieben« wurde:

»Musil schreibt, ohne es zu wissen, die Vorgeschichte der Diktaturen des 20. Jahrhunderts. Er durchleuchtet die psychologischen Spannungen und sexuellen Aggressionen einiger Halbwüchsiger in der Verborgenheit einer Militärschule und findet in ihnen das komplette Arsenal der Roheit, die später Geschichte macht. [...]
Das jähe Erschrecken über dieses Ineinanderfließen von Wahnsinn und Geradsinn, [...] hier ist es endgültig Lebensthema geworden. Es geht für Törleß nicht allein um Basinis Schicksal und seine Verwicklung dahinein. Die Erlebnisse in der roten Kammer bedeuten mehr. Sie zerstören alle bisher noch für sicher gehaltenen Vorstellungen von der Ordnung der Welt. ›Es kam wie eine Tollheit über Törleß, Dinge, Vorgänge und Menschen als etwas Doppelsinniges zu empfinden. Als etwas, das durch die Kraft irgendwelcher Erfinder an ein harmloses, erklärendes Wort gefesselt war, und als etwas ganz Fremdes, das jeden Augenblick sich davon loszureißen drohte.‹ [D.V.d.Z.T., S. 90 / GW II, S. 64.]
[...]
Sein Erschrecken weist über eine Pubertätsgeschichte weit hinaus. Musil blickt in diesem 1903 geschriebenen Werk der trügerischen Wohlanständigkeit, dem optimistischen Glauben, daß die Triebe domestiziert und der Blutrausch nur in finsteren Vorzeiten eine Chance gehabt habe, die

5. Aspekte der literaturwissenschaftlichen Diskussion

Vernunft zu überwältigen, auf den Grund und entdeckt, wie nahe bevor der neue Ausbruch steht. Der *Törleß* ist vielleicht das hellsichtigste Buch, das vor dem Ersten Weltkrieg geschrieben wird. Paradoxerweise darf man allerdings kaum annehmen, daß sein Autor selbst sich Rechenschaft darüber geben könnte, was seine Ahnungen ›in Wirklichkeit‹, das heißt, für die Psychologie des sich aufgebenden Bürgertums und die daraus folgenden politischen Spannungen, bedeuten. Musil ist unpolitisch, er bleibt es sein Leben lang, auch wenn er von Politik zu sprechen meint. Was er im *Törleß* ahnt, erkennt er unbewußt. Seine politischen Erwartungen läßt das unberührt. Seine eigene Lebensplanung verwirrt es nur. Er wandelt über die dünne Kruste des sich in Sicherheit wähnenden bürgerlichen Selbstverständnisses, spürt den Boden unter seinen Füßen schwanken, entdeckt die finstersten Kavernen, schildert mit größter Präzision die Entfremdung des Menschen.«

> Wilfried Berghahn: Robert Musil in Selbstzeugnissen und Bilddokumenten. Reinbek bei Hamburg: Rowohlt Taschenbuch Verlag, [10]1978. S. 28 und 32f. – © 1963 Rowohlt Taschenbuch Verlag GmbH, Reinbek bei Hamburg.

HELMUT ARNTZEN sieht in der Handlung um Beineberg, Reiting und Basini »im Keim erfaßt«, was die Diktatoren unserer Epoche ausmacht. Diese Handlung sei allerdings nur im Zusammenhang mit Törleß' Wirklichkeitserfahrung interessant:

»Der Roman handelt von diesem Einbruch dualistischer[25] Wirklichkeit als von einer für einen Menschen völlig neuen, ihn verändernden Erfahrung. Nur insofern diese Erfahrung das zentrale Thema ist, wird verständlich, warum weder

---

25 Bezeichnung für Erklärungsmodelle der Wirklichkeit/Welt, die auf der Annahme von zwei unvereinbaren, voneinander unabhängigen Prinzipien beruhen, z. B. Geist und Materie, Gut und Böse.

Basini noch Beineberg noch Reiting die für den Roman wichtigsten Figuren sind, sondern eben Törleß. Ginge es wesentlich um die Pubertät und ihre Schwierigkeiten, so wäre Basini am ehesten die Hauptgestalt. Aber Basini, das Opfer, wird von Anfang an als das Pendant zu seinen Quälern dargestellt, insofern er, psychologisch gesprochen, deren Sadismus mit masochistischen Bedürfnissen entgegenkommt.

Wäre der Roman vor allem der der ›heutigen Diktatoren in nucleo‹ [Tagebücher I, S. 914], als die M. selbst Reiting und Beineberg viel später im Tagebuch nennt, so stünden sie im Mittelpunkt der Erzählung. Aber der machiavellistische Machthunger Reitings wie die irrationalistische Spekulation Beinebergs, die sich beide in actu als Sadismus zeigen, werden je nur in Zusammenhang mit Törleß' Geschichte interessant. Dennoch, nein gerade darum behält M.s Wort von den ›heutigen Diktatoren in nucleo‹ seine Bedeutung. Es zeigt sich nämlich, daß sie im Grunde nicht ›romanfähig‹ sind, da sie keine Geschichte haben. Reiting und Beineberg vermögen nur ihre Barbareien zu wiederholen. In ihrer Reflexion kommt jener keinen Augenblick über die krude Intrige, dieser nie über das Geschwätz hinaus. Die instrumentelle und die leere Reflexion aber entlassen aus sich die nackte Gewalt. Hier ist allerdings im Keim erfaßt, was die machiavellistischen wie die ideologischen Diktatoren unserer Epoche ausmacht: aus dem Bewußtsein, das sich nur noch als technisches Bewußtsein oder als Medium der Selbstberauschung begreift, schießt als aus einem Hohlraum Handeln als sich immer wiederholendes Tun, das sich in der unmittelbarsten Gewaltherrschaft, dem Sadismus, zu bestätigen sucht.

Törleß wird andererseits keineswegs als der künftige Mensch, als ein Enkel Zarathustras o. ä., dargestellt. M. beschränkt sich so entschieden auf das Thema der völlig neuen Erfahrung von dualistischer Wirklichkeit, daß ihn das weitere Leben von Törleß schon wegen dieser entschiedenen thematischen Einschränkung nicht interessiert. Aber diese Einschränkung als offenbar bewußte und gewollte verhindert auch die inkonkrete erzählerische Geste, die – wie das in der Zeit um 1900 gern geschah – eine bestimmte Erfahrung als Modellerfahrung einer Generation oder Epoche ausgibt.«

> Helmut Arntzen: Musil-Kommentar. Bd. 1. München: Winkler, 1980. S. 99. – © 1980 Winkler-Verlag bei Patmos Verlag GmbH & Co. KG, Düsseldorf.

UWE BAUR lehnt es ab, den Roman auf Törleß' Konflikte zu reduzieren; er sieht »ursächliche« Zusammenhänge mit der Gesellschaft und ihren Institutionen:

»Da die Schule nur das Gefühl der inneren Leere vermittelt und in den Augen der Schüler nur verlorene Zeit ist, versuchen sie, ihren Lebenshunger im geheimen zu stillen, auf illegalem Wege Erfahrungen mit Menschen zu gewinnen. Die Besuche bei Božena werden zunächst zur ›einzigen und geheimen Freude‹ [D.V.d.Z.T., S. 40 / GW II, S. 29]. Mit ihnen beginnt die Zeit für Törleß, in der ihn nicht mehr die ›äußere‹ Wirklichkeit, sondern die erwachte ›innere‹ Welt‹ lähmt. Seine Handlungsunfähigkeit löst sich erst am Ende des Romans während seines ›statements‹ vor der Anstaltsleitung – seine Passivität signalisiert nach außen hin die Dauer seiner inneren Verwirrungen. Der Zwang der Schulnormen bedingt die verheimlichte Privatsphäre, und damit verstärkt sich nunmehr jene Grundspannung des Romans, die in der Božena-Episode beginnt und die wir schon allgemein als Antinomie von ›innerer‹ und ›äußerer‹ Welt charakterisiert haben. Das Internat ist damit als ein genaues Abbild der Gesellschaft erkennbar, wie sie in der Eingangsszene gezeigt wird; beide spiegeln die Gespaltenheit des bürgerlichen Individuums wider. Die vom Einzelmenschen verdrängten, triebhaften und schöpferischen Lebensregungen suchen sich in verheimlichten Räumen zu entfalten;

und hier zeigt sich, daß das Internat wesentlich härtere Bedingungen stellt als die Gesellschaft [...]. Es ist nicht zu rechtfertigen, den Roman nur auf individuelle Konflikte des Törleß zu reduzieren und deren ursächliche Zusammenhänge mit der Gesellschaft und ihren Institutionen zu übergehen. [...]
Das Unterrichtssystem des Konvikts verlangt vom Zögling ausschließlich Reproduktionsakte, Anpassung an herrschende Normen – ›Denknotwendigkeiten‹, wie der Mathematiklehrer sagt – mit dem Ergebnis der Nivellierung und Unterdrückung individuellen Denkens und Empfindens. Die Erziehung gewöhnt an Heteronomie[26], auch denjenigen, der im anscheinend entgegensteht, wie Reiting und Beineberg. In dem Augenblick, wo dieser Mensch selbst in die Stellung des Mächtigeren kommt, wird das erfahrene Erziehungsprinzip am Schwächeren praktiziert: Basini wird als Sache und nicht als autonomes Individuum mit Fehlern und Schwächen behandelt, worin sich die autoritäre Verhaltensweise der Anstaltslehrer zu reiner Barbarei potenziert – eine Saat geht folgenschwer auf.«

> Uwe Baur: Zeit- und Gesellschaftskritik in Robert Musils Roman *Die Verwirrungen des Zöglings Törleß*. In: Vom *Törleß* zum *Mann ohne Eigenschaften*. Grazer Musil-Symposion 1972. Hrsg. von U. B. und Dietmar Goltschnigg. München/Salzburg: Fink, 1973. (Musil-Studien. 4.) S. 32–35. – © 1973 Wilhelm Fink GmbH & Co. Verlags-KG, München.

CLAUS ERHART versucht eine Bewertung des Verhaltens der Törleß-Figur nach moralischen und ästhetischen Kriterien. Er sieht den Protagonisten als Sympathieträger des Autors Musil und greift damit auf, was auch schon Jean Améry (s. S. 129–134) in seiner Weiterdichtung von Törleß' Lebenslauf als fragwürdig erschienen war:

---

26 Abhängigkeit von Gesetzen anderer; Gegensatz: Autonomie.

»Zwei Äußerungen Musils aus späteren Jahren bestätigen diese im Bereich des Gestalterischen manifeste sympathiesteuernde Tendenz: In der [...] nach 1936 entstandenen Tagebuchnotiz, in der von Beineberg und Reiting als den ›heutigen Diktatoren in nucleo‹ [Tagebücher I, S. 914] die Rede ist, vermißt man den Namen des Titelhelden. Dietmar Goltschnigg gilt dies als Indiz dafür, daß der ›Selbstinterpret Musil offenbar weder die Gefahr [begreift], die in der intellektuellen Teilnahmslosigkeit des jungen Törleß liegt, noch die Gefahr der 'unpolitischen' Haltung jener Gesellschaftsklasse, der dieser entstammt‹.[27]

Das ausdrückliche Plazet des Autors erhält Törleß für sein Vorgehen in einem von Adolf Frisé auf ›Ende Juli 1907 oder später?‹ [Briefe I, S. 46] datierten Briefentwurf. Dort antwortet Musil auf die moralischen Bedenken, die Matthias di Gaspero, ein Freund der Familie, offensichtlich zuvor geäußert hat, mit den folgenden Worten:

›[...] Abraham opfert seinen Sohn[,] um einem Gott zu dienen, Faust tötet moralisch ein Mädchen[,] um seinen höheren Typ zu realisieren. Das sind Fragen der Moral, die nicht kurz zu entscheiden gehen. Es ist die Aufgabe von Kunstwerken[,] auf solche Fragen zu weisen. Lösen können sie sie meist nicht. (Mit Verlaub: darf Törless so einfach über Basini hinweggehen, ist eine solche Frage. Ich sage ja.)‹ [Briefe I, S. 46 f.]

›Die landläufige Moral wird von zwei Trieben verdunkelt‹, schreibt Hofmannsthal 1893 in einem Aufsatz über D'Annunzio, ›dem Experimentiertrieb und dem Schönheitstrieb dem Trieb nach Verstehen und dem nach Vergessen‹. Den ›Experimentiertrieb‹, das Bedürfnis ›nach Verstehen‹, spüren sie alle, Reiting und Beineberg ebenso wie Törleß; am Objekt des gefallenen Kameraden lassen sie ihm freien

---

27 Dietmar Goltschnigg, »Auf der Suche nach der verlorenen Identität. Robert Musils Romane ›Die Verwirrungen des Zöglings Törleß‹ und ›Der Mann ohne Eigenschaften‹«, in: *Studies in Modern Austrian Literature* 6 (1981) S. 25.

Lauf. Den Schönheitstrieb hingegen kennt nur der Held. Seine Suche nach der Heimlichkeit der eigenen Seele, nach den ›geheimen Fächern‹ [D.V.d.Z.T., S. 160 / GW II, S. 112] seines Wesens, die der junge Mann gefunden haben wird, ist auch die Suche ›nach dem Vergessen‹ einer Realität, deren Häßlichkeit nur im Innern in einen Genuß, in ein ›Gefühl der leidenden Feinheit‹ verwandelt werden kann.
Die ›Diktatoren in nucleo‹ mit ihrem berechnenden Zugriff auf die Masse (Reiting) und auf das Irrationale (Beineberg) erschaffen experimentierend und vivisezierend eine Gegenwelt, die in ihrer geistigen Begrenztheit die räumliche Enge der Folterkammer spiegelt, in der sie geboren wurde. Der Verstoß gegen die Moral erscheint als brutaler Akt der Nötigung, als gedankenlose Grausamkeit gegen einen schwachen Mitschüler.
Dem gegenüber steht der *faustische* Mensch Törleß, der, so legt der Autor nahe, um ›seinen höheren Typ zu realisieren‹, legitimerweise keine Konzessionen an die Moral macht. Die Welt, in die einzutreten er sich anschickt, ist ein ästhetischer Gegenentwurf zur Wirklichkeit, ist die zerklüftete Landschaft seiner Seele. Musils Brünn-Erfahrungen weisen seinem Helden die Richtung.

> Claus Erhart: Der ästhetische Mensch bei Robert Musil. Vom Ästhetizismus zur schöpferischen Moral. Innsbruck 1991. (Innsbrucker Beiträge zur Kulturwissenschaft. Germanistische Reihe. 43.) S. 68–70. – Mit Genehmigung von Claus Erhart, Nizza.

JACQUELINE MAGNOU sieht im Törleß »einen Kern um den Ödipuskomplex« gestaltet und damit eine parallele Problematik zu Freud:

»Durch die homosexuelle Episode erfüllt Törleß auf symbolischer Ebene seinen Wunsch nach dem Inzest, indem er Basini ›besitzt‹, der hier die Stelle der Mutter in der Ödipusstruktur einnimmt. Diese Interpretation wird durch die Rivalität und Eifersucht bekräftigt, die sich zwischen Törleß und Reiting/Beineberg einstellen, und die durch den Eintritt Törleß' in das homosexuelle Spiel verursacht werden.

Es ist also keineswegs verwunderlich, wenn Törleß am Ende des Romans zugleich mit Basini und Reiting/Beineberg seine Beziehungen abbricht. Der Abgang Törleß' zeigt uns, daß er seinen Platz seiner Mutter gegenüber gefunden hat, und noch genauer, daß er in ihr nicht mehr die Mutter sieht, sondern die Frau. Dafür mußte er durch das Erlebnis hindurchgehen, das die homosexuelle Episode symbolisch bedeutet (Wunscherfüllung des Inzests), und die Bande lösen, die ihn in diesem Ödipuskomplex hielten. Der Roman zeigt uns zuerst den symbolischen Bruch mit Basini und Reiting/Beineberg, und dann erst den wirklichen ›Bruch‹ mit der Mutter. Anders gesehen, endet das von Musil inszenierte Experiment durch Törleß' Flucht. Dieses weiterzuführen hätte keinen Sinn mehr, Törleß kann – im eigentlichen Sinne – den Versuchsraum verlassen.

Törleß hat also seinen Platz *neben* der Mutter gefunden, aber dieser wurde nicht ohne Schwierigkeiten erobert. [...]

Man kann also sagen, daß die Infragestellung des Mutterbildes, der Verlust seiner Evidenz und seine Problematisierung die Ursachen der Krise sind. Und diese Krise bedeutet auch die Umstürzung aller Werte, die die Mutter – und sogar die Eltern – verkörperte, die sie Törleß übergeben hatte, und die der Konfrontierung mit der Wirklichkeit nicht standhalten. Der Ödipuskomplex, der Konflikt, der daraus entsteht, und seine Überwindung bilden für Törleß hier, wie auch nach Auffassung der Psychoanalyse für jedes Individuum, den unausweichlichen Übergang für die Integration des Kindes in die Erwachsenenwelt, d. h. die Erkenntnis einer gewissen Wirklichkeit der sozialen Welt, die mit der Phantasie des Einzelnen nicht gänzlich übereinstimmt. Man kann fast sagen, Törleß kommt dahin, indem er bis zum Ende seiner Phantasien vordringt und (symbolisch)

seinen Wunsch nach Inzest erfüllt, bevor er das Netz der Beziehungen abbricht, das diese Erfüllung ermöglicht hat. [...]
Musil, das kann man mit fast absoluter Sicherheit behaupten, wollte die damals neuen Freudschen Theorien der Psychoanalyse nicht durch ein literarisches Werk illustrieren. Auch ein direkter Einfluß ist nicht zu spüren. Jedoch führt uns eine Interpretation der Romanstruktur, die sich an die Psychoanalyse anlehnt, zu interessanten Feststellungen: sie erlaubt uns, in dem Buch einen Kern um den Ödipuskomplex aufzudecken, bei dem Törleß seinen Wunsch nach dem Inzest symbolisch erfüllt. Seine schwere Krise überwindet er, indem er das Ödipus-Dreieck durchbricht, in das er eingeschlossen ist. Törleß tritt in die Welt der Erwachsenen ein nach dem Erlebnis eines großen Umsturzes, der ihn dazu zwingt, sein vorheriges Weltbild gründlich in Frage zu stellen. Mit anderen Worten wohnen wir einem Übergang vom Kindes- zum Erwachsenenalter bei, der sich dann vollzieht, wenn der Einzelne seinen Platz im Verhältnis zur Welt seiner Eltern findet. Dieser Ödipuskomplex, wie er uns hier erscheint, trägt zur Herausbildung der Person bei und hat nach Freud entscheidenden Einfluß auf die Strukturierung der Persönlichkeit. Dies gilt ebenso für die Krise, die Törleß durchmacht.
Es gibt also keinen Einfluß Freuds auf Musil, aber dafür zwei parallele Problematiken.«

> Jacqueline Magnou: *Törleß* – Eine Variation über den Ödipuskomplex? In: Musil-Forum 3 (1977) S. 149f. und 153f.

RENATE SCHRÖDER-WERLE sieht dagegen in den biographisch-psychologischen und vor allem psychoanalytischen Interpretationen zu kurz greifende Ansätze, um den Roman als literarisches Werk zu erfassen. Es werden in ihm (neben der Geschichte des Machtmissbrauchs) vor allem zwei Arten von Entwicklungen gestaltet, ein innerer (epistemologischen Gesetzen folgender) Bewusstwerdungsprozess (Törleß) und eine äußere Experimentalreihe (Erzählerfigur) zu einem alten, die Philosophie seit Jahrhunderten beschäftigenden erkenntnistheoretischen Problem:

»Was die Leser und besonders die Musil-Philologen immer wieder auf die Fährten gelockt hat, scheint ein ganz anderes Phänomen zu sein. Ähnlich wie bei Thomas Mann werden auch bei Musil Personen aus dem eigenen Bekanntenkreis, von Verwandten bis zu Freunden oder auch nur flüchtigen Bekannten, zu Objekten bevorzugter literarisierbarer Beobachtung. Und selbst wenn sie noch in vorläufigen Notizen, Entwürfen ihre richtigen Namen haben, so sind sie doch ihrer realen Sphäre entrückt und zu Trägern fiktionaler Aussagen, Stimmungen, Zusammenhänge geworden, die sich nicht auf biographische oder historische Details oder gar Begriffe wie ›Abbildung‹ oder ›Vorwegnahme‹ der Wirklichkeit reduzieren lassen. Wenn Musil die Äußerlichkeiten seiner Jugendgeschichte in diesem Sinne selbst zum austauschbaren Stoff macht, so ist eigentlich selbstverständlich, daß auch ein psychoanalytisch zu nennendes Strukturschema entdeckt werden kann und sich Törleß' Entwicklung und seine Erlebnisse mit den Mitschülern und besonders mit Božena rückwirkend ins klassisch gewordene Freudsche Schema einordnen lassen. Das Gegenteil wäre überraschend!
Wenn auch die biographisch-psychologischen und psychoanalytischen Ansätze zu kurz greifen, um den Roman als literarisches Werk erfassen zu können, so kann man doch nicht umhin, die entwicklungspsychologische Pubertätsstudie, die er nebenbei auch enthält, mit aller Vorsicht, den Autor weiterhin als kompetentesten Leser seines Werks ansehend, zu würdigen. Ob hierzu der Roman in den Rahmen der vielen Schulgeschichten, mit denen das ›Jahrhundert des Kindes‹ [Ellen Key] eröffnet wurde, gestellt werden sollte, erscheint mir zweifelhaft. Letztlich läßt sich

doch nur zeigen, daß Musils Erstlingswerk anders ist als die anderen und durch seine Frühvollendetheit, Vielschichtigkeit und Themenvielfalt zu Recht als Klassiker betrachtet wird und nicht als Anfängerroman. Gattungsgeschichtlich ist er eher ein *experimenteller Bildungsroman*.[28] Dennoch ist eine Pubertätsstudie allein schon dadurch enthalten, daß das gesamte Geschehen abhängig von der Entwicklung eines Knaben geschrieben ist. Wo der Erzähler nicht schon ohnehin Törleß' Sensorium benutzt, da erklärt oder kommentiert er eine Entwicklung des Zöglings oder läßt ihn wie in einer experimentellen Versuchsanordnung mehrere Episoden durchlaufen. [...] Gleichzeitig aber, und das ist das Entscheidendere, wird ein anderes Entwicklungsprinzip etabliert, das eher als formale Entwicklungsreihe zu definieren wäre und lauter vorsichtige Abschlüsse markiert:
›Aber die Episode mit Kant war nahezu gänzlich überwunden‹ [D.V.d.Z.T., S. 131 / GW II, S. 92],
›Von Basini war nichts mehr zu hoffen‹ [D.V.d.Z.T., S. 151 / GW II, S. 106],
›Dieser kleine Schritt, der ihn noch von dem Endpunkt des geistigen Prozesses trennte, den er durchzumachen hatte‹ [D.V.d.Z.T., S. 188 / GW II, S. 132],
›Das schien alles weit, weit hinter ihm zu liegen‹ [D.V.d.Z.T., S. 198 / GW II, S. 139].
Von hier aus ist zudem das äußere Strukturprinzip des Romans sehr deutlich erkennbar: Zwischen den Bahnhofszenen als Ausgangs- und Endpunkt der Geschichte[29] rollen in immer neuer Variation die Episoden ab, die Törleß durchläuft. Die vielen kleinen Kreise, die einer ähnlichen erkenntnistheoretischen Struktur folgen, wie die später von

28 Heribert Brosthaus führt dies in seiner Arbeit zwar nicht aus, macht aber durch die Übernahme des Musilwortes in den Titel gezielt darauf aufmerksam: *Der Entwicklungsroman einer Idee. Untersuchungen zu Gehalt, Struktur und Stil in Robert Musils Roman »Die Verwirrungen des Zöglings Törleß«* (Würzburg 1970).
29 Vgl. dazu Elisabeth Stopp, »Musil's ›Törless‹: Content and Form«, in: *The Modern Language Review* 63 (1968) S. 94–118.

Karl Popper zur Theorie aufgebauschte ›trial and error‹-Methode, lassen sich auf einem großen Kreis anordnen; dieser wiederum kann als völlig abtrennbarer Ausschnitt aus einer Gesamtentwicklung gelten. Die Bilder, die Musil für den großen Kreis findet, sind deutlich genug: ›die Zeit dieser Larvenexistenz im Institute‹ [D.V.d.Z.T., S. 57 / GW II, S. 41] und: ›eine Entwicklung war abgeschlossen, die Seele hatte einen neuen Jahresring angesetzt wie ein junger Baum‹ [D.V.d.Z.T., S. 187 / GW II, S. 131]. [...] Zentral wichtig für das Verständnis des Romans ist es, diese unterschiedlichen Verständnisse von Entwicklung zu erkennen und nicht miteinander zu vermischen. Im zweiten ist vor allem das literarische Strukturprinzip des Romans zu sehen, der nun einmal als ganzes gesehen, keine Fallstudie ist, obwohl die geistige Entwicklung des jungen Törleß im Zentrum steht. Der Sechzehnjährige ist eine List, an der viele Interpreten gescheitert sind, denn aus der Entwicklung wurde abgeleitet, daß es auch ein Endergebnis geben müsse: Eine Art Lösung oder einen neuen Menschen. Der Schluß des Romans wurde am härtesten von solchen Folgerungen getroffen. Törleß' lapidare Kommentare: ›Alles geschieht: Das ist die ganze Weisheit‹ [D.V.d.Z.T., S. 178 / GW II, S. 125] oder: ›Ich weiß: die Dinge sind die Dinge und werden es wohl immer bleiben; und ich werde sie wohl immer bald so, bald so ansehen‹ [D.V.d.Z.T., S. 196 / GW II, S. 138] sowie die entsprechenden Erklärungen des Erzählers [D.V.d.Z.T., S. 199 / GW II, S. 140] wurden häufig mit psychologischen Deutungen versehen.

Dabei ist überdeutlich auch in der äußeren Markierung durch den Bahnhof als Ausgangs- und Endpunkt der Handlung erkennbar: Der geistige Prozeß einer Bewußtwerdung in mehreren Ebenen und Stationen, als dessen ›Ergebnis‹ nur die Erinnerung an eine andere Welt- und Selbstempfindung (Dualismus in der Sehweise, nicht, wie fälschlich in der Musil-Literatur oft behauptet wird, der Wirklichkeit) festzuhalten bleibt. Dieser Prozeß bestimmt die Struktur des Romans und ist auch zugleich der Inhalt. Die Verwirrungen des Zöglings Törleß oder auch die ›Klärungen‹ [Terminus von Frank Trommler], sofern man sie nicht als definiertes Endprodukt in Form einer Lebensweisheit erwartet, entpuppen sich als ein bis heute ungelöstes erkenntnistheoretisches wie wahrnehmungspsychologisches Problem der Philosophie, nämlich einen Ausweg zu finden aus dem unendlichen Regreß vom Erkennen des Erkennens.«

> Renate Schröder-Werle: *Die Verwirrungen des Zöglings Törleß* oder was sonst ist Literatur? In: Robert Musil and the Literary Landscape of His Time. Hrsg. von Hannah Hickman. Salford: Department of Modern Languages, University of Salford, 1991. S. 212–218. – Mit Genehmigung von Renate Schröder-Werle, Bochum.

Von Musils Berliner Studien der experimentellen Psychologie bei Carl Stumpf und seinem Assistenten Friedrich Schumann ausgehend, untersucht CHRISTOPH HOFFMANN Törleß' Art der Realitätsschilderung, mit deren Hilfe er sich an »Gefühlserkenntnisse und Denkerschütterungen heranschleicht« (GW II, S. 997) und kommt zu grundlegend neuen Ergebnissen:

»Eine ›List‹ des Autors ist der ›Sechzehnjährige‹ [GW II, S. 996] unter diesen Umständen vornehmlich darum, weil Musil mit Törleß eben nichts anderes als ein ›experimentorsubject‹ in den literarischen Diskurs einschleust, das eine Hermeneutik der ›Bewußtseinsthatsachen‹ betreibt und mit einer Einbildungskraft ausgestattet ist, die ihre Herkunft aus der Berliner Praxis nicht verleugnen kann. Im Unterschied zu den sensiblen Geschöpfen, die allenthalben in der Literatur der Jahrhundertwende auftauchen, begnügt sich entsprechend Stumpfs Zögling nicht damit, bloß die Verunsicherung der Wahrnehmungsdaten zu konstatieren. Vielmehr leitet er diesen Befund als Funktion seiner immer wieder auftauchenden Gabe ab, Unhörbares und Unsehbares wahrzunehmen. An zentraler Stelle des Textes – dort, wo den bisher gemachten Erlebnissen in einer Abhandlung mit dem gewichtigen Titel ›De natura hominum‹ [D.V.d.Z.T., S. 124 / GW II, S. 88] zu Leibe gerückt werden soll – bemerkt Törleß: ›Welche Dinge sind es, die mich befremden? Die unscheinbarsten. Meistens leblose Sachen. Was befremdet mich an ihnen? Ein Etwas, das ich nicht kenne. Aber das ist es je eben! Woher nehme ich denn dieses 'Etwas'! Ich empfinde sein Dasein; es wirkt auf mich; so, als ob es sprechen wollte. Ich bin in der Aufregung eines Menschen, der einem Gelähmten die Worte von den Verzerrungen des Mundes ablesen soll und es nicht zuwege bringt. So, als ob ich einen Sinn mehr hätte als die anderen, aber einen nicht fertig entwickelten, einen Sinn, der da ist, sich bemerkbar macht, aber nicht funktioniert. Die Welt ist für mich voll lautloser Stimmen: Ich bin daher ein Seher oder ein Halluzinierter?‹ [D.V.d.Z.T., S. 126 / GW II, S. 89.]

Es zeigt sich, daß Törleß genauso wie seinen nicht allzufernen Mitstreitern am Berliner Psychologischen Institut Augen und Ohren für eine Wirklichkeit geöffnet worden sind, die für die gewöhnlichen fünf Sinne des Menschen unerkannt bleibt. Dieser schon erwähnte Extrasinn vermag die ›Verzerrungen‹, wie weiland Schumanns Probanden am Tachistoskop[30], zwar nicht zu lesen, ihre physische Präsenz ist aber, unbeschadet von Törleß' in Frageform gekleideter Einschränkung, unabweisbar. Die antrainierte Wahrnehmungsmethodik zeitigt entsprechend für die Versuchspersonen, seien sie aus Fleisch und Blut oder Gestalten der Literaturgeschichte, dieselben Effekte: Täuschungen und, ganz allgemein gesagt, Verwirrungen. Törleß resümiert: ›Ich kann es nicht anders sagen, als daß ich die Dinge in zweierlei Gestalt sehe. Alle Dinge; auch die Gedanken. [...]

---

30 In der Wahrnehmungsforschung zur Prüfung der Aufmerksamkeit verwendetes Gerät, das es erlaubt, ein Bild für beliebig kurze Zeit zu zeigen.

Nein, ich irrte mich nicht, wenn ich von einem zweiten, geheimen, unbeachteten Leben der Dinge sprach! Ich – ich meine es nicht wörtlich, – nicht diese Dinge leben, nicht Basini hatte zwei Gesichter, – aber in mir war ein zweites, das dies alles nicht mit den Augen des Verstandes ansah.‹ [D.V.d.Z.T., S. 195 / GW II, S. 137.]
Um dieses ›zweite Gesicht‹ zu benennen, muß man nicht, wie es Tradition in der Musil-Forschung ist, zu den Zeugnissen der Mystiker Zuflucht nehmen. Törleß' Sinne reproduzieren nur, was in psychologischen Laboratorien wie dem Berliner und, da Versuchsaufbauten Medienwerkstätten sind, etwa auch in Kinos Schule macht. In einer Rückkopplung gehen die Effekte nun wundersamerweise auf menschliche Augen und Ohren über. Nichtsdestoweniger heißen die heimlichen Subjekte des Textes Rotationstachistoskop und Kinematograph. An sie angeschlossen, geraten die Sinneseindrücke von Versuchspersonen, wie Törleß ohne Zweifel eine ist, ins Oszillieren. Die Begebenheiten des Romans sind in dieser Hinsicht nicht merkwürdiger als die prosaische Praxis, die ihre Bedingungen absteckt; im Gegenteil.
Ob für Beineberg, Reiting oder Törleß, ihr Mitschüler Basini interessiert sie vornehmlich als Versuchsperson. Einen grundlegenden Unterschied gibt es dabei allerdings: Beineberg und Reiting benutzen Basini, um verschiedene Psychotechniken, Psychotechniken der Macht und der Ekstase, am Objekt ›in vivo‹ zu erproben. Törleß dagegen kümmert gerade das Subjekt Basini, genauer gesagt, als echter Schüler Stumpfs, die innere Wahrnehmung des Probanden während der qualvollen ›Experimente‹, die mit ihm veranstaltet werden. Um die Person Basinis geht es indes auch ihm nicht. Das Interesse, das ihn leitet, hängt ganz und gar mit den eigenen Verwirrungen zusammen. Offenkundig unterstellt Törleß bei Basini nämlich eine Art Seelenverwandtschaft, denn stets ist es ihm so, als stünde ›hinter dessen Gesicht ein zweites, verschwimmendes‹ [D.V.d.Z.T., S. 85 / GW II, S. 60]. Die sonderbaren Wahrnehmungen des Zöglings wa-

ren damit ›nun in einem Menschen verkörpert, wirklich geworden. Dadurch ging die ganze Sonderbarkeit auf diesen Menschen über. Dadurch rückte sie aus der Phantasie ins Leben und wurde bedrohlich ...‹ [D.V.d.Z.T., S. 85f. / GW II, S. 61]; dadurch aber wird sie auch, wie man sehen wird, befragbar.«

> Christoph Hoffmann: Der Dichter am Apparat. Medientechnik, Experimentalpsychologie und Texte Robert Musils 1899–1942. München: Fink, 1997. (Musil-Studien. 26.) S. 76f. – © 1997 Wilhelm Fink GmbH & Co. Verlags-KG, München.

MARIE-LOUISE ROTH sieht den Roman im Zusammenhang mit den großen geistigen Umwälzungen zu Beginn des 20. Jahrhunderts:

»Man darf Musils Biographie nicht vom Standpunkt der ›petits faits‹ aus untersuchen, sondern muß sich die inneren geistigen Auseinandersetzungen gegenwärtig halten. *Die Verwirrungen des Zöglings Törleß* sind das beste Spiegelbild einer Grundlagenkrise, die ihre denkerische Kristallisation in den theoretischen Schriften findet. Das Erlebnis der Präsenz einer irrationalen Wirklichkeit, die in die rationale hineingewoben ist und sie zeitweise überflutet, das Erlebnis des Ausgeliefertseins an das Zufällige, Unfaßbare sind Grundmotive des Erstlingsromans Musils. [...] Dem ›Ingenieurgeist‹, dem wissenschaftlich Systematisierbaren wird die ›ungesetzliche Notwendigkeit‹ des Lebens, die Unberechenbarkeit des Seins, werden die unendlichen Möglichkeiten seelischer Entfaltung entgegengesetzt. Musil überträgt die neuen Erkenntnisse der Wissenschaft, das Gesetz der großen Zahlen, die Zufalls- und Wahrscheinlichkeitstheorie auf das Moralische. Die Natur wie auch die physische Gesetzlichkeit widersprechen der Regelgültigkeit und der Wiederholung; sie sind veränderbar und zufällig. Der Materiebegriff wandelt sich in einen neuen dynamischen, elektrodynamischen Begriff. Hera-

klits Lehre, daß es kein festes, ruhendes Sein gibt, sondern daß ›alles fließt‹, kehrt in anderer Form in Törleß' Behauptung ›alles geschieht. Das ist die ganze Weisheit‹ [D.V.d.Z.T., S. 178 / GW II, S. 125] wieder. [...]
Auch Einsteins Relativitätstheorie, die neue Auffassung und Deutung der raum-zeitlichen Ordnung ist nicht ohne Einfluß auf die Geisteshaltung Musils geblieben. Die Evolution des jungen Törleß endet am Ende seiner Verwirrungen in einer Perspektiventheorie, in der Auffassung nämlich, daß der Standpunkt, die innere Einstellung zu den Dingen, wesentlich ist:
›Ich weiß: die Dinge sind die Dinge und werden es wohl immer bleiben; und ich werde sie wohl immer bald so, bald so ansehen. Bald mit den Augen des Verstandes, bald mit den anderen ... Und ich werde nicht mehr versuchen, dies miteinander zu vergleichen ...‹ [D.V.d.Z.T., S. 196 / GW II, S. 138.] [...]
Die Erkenntnistheorie wird besonders von Hans Vaihinger in seiner *Philosophie des Als Ob* in Frage gestellt. Die Hypothese, das Als ob, ist eine geistige Notwendigkeit. Man kann mit bewußt falschen Vorstellungen auch Richtiges erreichen.
›Als eigentliche Fiktionen im strengen Sinne des Wortes stellen sich solche Vorstellungsbilder dar, welche nicht nur der Wirklichkeit widersprechen, sondern auch in sich selbst widerspruchsvoll sind ... Das Denken beginnt zuerst mit leichten Abweichungen von der Wirklichkeit (Halbfiktion), um zuletzt, immer kühner geworden, mit solchen Vorstellungsbildern zu operieren, welche nicht bloß dem Gegebenen widersprechen, sondern auch in sich selbst widerspruchsvoll sind.‹[31]
Vaihinger behauptet, daß es keine Identität von Denken und Sein gibt. Die Welt ist nur ein Denkmittel, und das letzte Ziel, der Zweck des Denkens, ist das ethische Handeln.

---

31 Hans Vaihinger, *Die Philosophie des Als Ob. System der theoretischen, politischen und religiösen Fiktionen der Menschheit auf Grund eines idealistischen Positivismus*, Berlin 1913, S. 93.

Die Grenzen des Ratioiden, ›die Lücke in der Kausalität des Denkens‹, erfährt der junge Törleß ähnlich wie Vaihinger am Beispiel des ›Unendlichen‹ und am Problem der imaginären Zahlen. Die moralische Verwirrung und die Erkenntnis der Notwendigkeit einer ethischen Lösung erlebt er in der Person des Diebes Basini. Er sucht nach ›Vorstellungsbildern‹, nach einer Brücke zwischen dem Irrationalen und dem rationalen, logischen Denken. Die erlebte Einsicht, daß man ›mit dem Denken allein nicht hinüberkomme, sondern (...) einer anderen, innerlichen Gewißheit (bedürfe), die uns gewissermaßen hinüberträgt‹ [D.V.d.Z.T., S. 192 / GW II, S. 135], ist grundlegend. Das Erlebnis weist neben der Kantepisode den aus der Verwirrung erwachenden Törleß darauf hin, daß die Lösung nur durch die ›klammernden Organe‹, in dem empirischen, zähen Festhalten an den Lebenstatsachen, wie auch in einer inneren ethischen Gewißheit, in der aus der Urgesetzlichkeit des Lebens, dem kosmischen Ordnungsbewußtseins erwachsenden Bestimmtheit, der ›Motivation‹ zu suchen ist.«

> Marie-Louise Roth: Robert Musil. Ethik und Ästhetik. Zum theoretischen Werk des Dichters. München: List, 1972. S. 47–50. – © 1972 Econ Ullstein List Verlag GmbH & Co. KG, München.

MATTHIAS LUSERKE sieht Musils Jugendroman auch in der langen Reihe der »Diskursivierungsversuche des Begehrens«, die mit Goethes *Die Leiden des jungen Werthers* begonnen habe:

»Törleß lernt Vernunft nur als instrumentelle Vernunft, Begehren nur als instrumentelles Begehren kennen – was Wunder in einer Bildungseinrichtung, die zur Aufgabe die frühzeitige Konditionierung von jungen Männern auf gesellschaftliche Machtpositionen und die Rekrutierung des Offiziersnachwuchses hat?! Hinter der Fassade bürgerlicher

Wohlanständigkeit verbirgt sich die von Törleß gesuchte zweite Wirklichkeit. In der ›Solid bürgerlichen‹ Welt geht alles ›geregelt und vernünftig‹ zu, in der ›abenteuerlichen‹ dagegen ist alles voller ›Dunkelheit, Geheimnis, Blut und ungeahnter Überraschungen‹ [D.V.d.Z.T., S. 57 / GW II, S. 41]. Und am Ende heißt es: ›Eine Entwicklung war abgeschlossen, die Seele hatte einen neuen Jahresring angesetzt wie ein junger Baum, – dieses noch wortlose, überwältigende Gefühl entschuldigte alles, was geschehen war‹ [D.V.d.Z.T., S. 187 / GW II, S. 131]. Ist dies Zynismus des Autors oder Ironie oder bloß Kitsch? Als beißender Kommentar des jungen Musil an den gesellschaftlichen Verhältnissen jedenfalls sind diese Worte kaum zu lesen. Doch entscheidender ist, daß Musil seine Hauptfigur nach dem Auftritt vor der Kommission reflektieren läßt, wie wenig die bisherige Entwicklung – und das bedeutet vor allem sexuelle Entwicklung – mit Vernunft zu tun habe [vgl. D.V.d.Z.T., S. 198 / GW II, S. 139]. Oder anders ausgedrückt: Törleß erkennt (1) die Unmöglichkeit, das Begehren zu diskursivieren; (2) die Unmöglichkeit, außerhalb der Sexualität die Machtverhältnisse dauerhaft umzukehren; und (3) die Unmöglichkeit, in einer codierten Sprache anders als in diesem Code verständlich zu sprechen. Zugleich hat aber der Autor Musil in der Beschreibung dieser Unmöglichkeiten gezeigt, daß es eben doch möglich ist, daß sich der Anstrengung des Begriffs selbst das Begehren nicht zu entziehen vermag. Mit seinem Roman *Die Verwirrungen des Zöglings Törleß* schreibt sich Musil zugleich auch in die lange Reihe jener Diskursivierungsversuche des Begehrens ein, die mit Goethes *Die Leiden des jungen Werthers* in der Frühgeschichte der bürgerlichen Gesellschaft einen furiosen Beginn erfahren hatten.«

> Matthias Luserke: Robert Musil. Stuttgart/Weimar: Metzler, 1995. (Sammlung Metzler. 289.) S. 34. – © 1995 J. B. Metzlersche Verlagsbuchhandlung und Carl Ernst Poeschel Verlag, Stuttgart.

Der Verlag Philipp Reclam jun. dankt für die Nachdruckgenehmigung den Rechteinhabern, die durch den Textnachweis und einen folgenden Genehmigungs- oder Copyrightvermerk bezeichnet sind.

Das Copyright für die Werke Musils liegt beim Rowohlt Verlag, Reinbek bei Hamburg. Mit der Sigle GW wurde aus den *Gesammelten Werken*, 2 Bde., hrsg. von Adolf Frisé, Reinbek bei Hamburg: Rowohlt, 1978 (Copyright © 1978 Rowohlt Verlag GmbH, Reinbek bei Hamburg), zitiert, Brief- und Tagebuchauszüge folgen den Ausgaben: *Briefe 1901–1942*, 2 Bde., hrsg. von Adolf Frisé unter Mithilfe von Murray G. Hall, Reinbek bei Hamburg: Rowohlt, 1981 (Copyright © 1957, 1981 Rowohlt Verlag GmbH, Reinbek bei Hamburg), und *Tagebücher*, 2 Bde., hrsg. von Adolf Frisé, neu durchges. und erg. Aufl., Reinbek bei Hamburg: Rowohlt, 1983 (Copyright © 1976, 1983 Rowohlt Verlag GmbH, Reinbek bei Hamburg).

Für einige Autoren waren die Inhaber der Rechte nicht festzustellen. Hier ist der Verlag bereit, nach Anforderung rechtmäßige Ansprüche abzugelten.

Für Hinweise und Unterstützung bei der Materialbeschaffung dankt die Autorin der Arbeitsstelle für österreichische Literatur und Kultur, Robert-Musil-Forschung an der Universität des Saarlandes, Saarbrücken; dem Alfred Kerr-Archiv, Berlin; der Österreichischen Nationalbibliothek, Wien; Prof. Dr. Ulrich Karthaus, Gießen; Prof. Dr. Annie Servranckx, Brüssel; Prof. Dr. Jürgen C. Thöming, Dresden.

VII. Literaturhinweise

1. Ausgaben

Gesammelte Werke. 2 Bde. Hrsg. von Adolf Frisé. Bd. 1: Der Mann ohne Eigenschaften. Bd. 2: Prosa und Stücke. Kleine Prosa, Aphorismen, Autobiographisches. Essays und Reden. Kritik. Reinbek bei Hamburg: Rowohlt, 1978. [*Die Verwirrungen des Zöglings Törleß* in Bd. 2, S. 7–140. Zit. als: GW.]

Gesammelte Werke in neun Bänden. Hrsg. von Adolf Frisé. Reinbek bei Hamburg: Rowohlt, 1978. [*Die Verwirrungen des Zöglings Törleß* in Bd. 6, S. 7–140.]

Die Verwirrungen des Zöglings Törleß. Reinbek bei Hamburg: Rowohlt Taschenbuch Verlag, 1998. (rororo 10300.) [Zit. als: D.V.d.Z.T.]

Die Verwirrungen des Zöglings Törleß. Ulrich Tukur liest. Reinbek bei Hamburg: Rowohlt, 1989. (rororo Literatur für Kopfhörer 66015.) [Cassetten.]

Beitrag zur Beurteilung der Lehren Machs und Studien zur Technik und Psychotechnik. Reinbek bei Hamburg: Rowohlt, 1980. [Diss. 1908.]

Briefe 1901–1942. 2 Bde. Hrsg. von Adolf Frisé unter Mithilfe von Murray G. Hall. Reinbek bei Hamburg: Rowohlt, 1981.

Briefe – Nachlese. Dialog mit dem Kritiker Walther Petry. Hrsg. von Adolf Frisé [u. a.]. Saarbrücken: Internationale Robert-Musil-Gesellschaft, 1994.

Der literarische Nachlaß. Hrsg. von Friedbert Aspetsberger, Karl Eibl, Adolf Frisé. Reinbek bei Hamburg: Rowohlt, 1992. [CD-ROM.]

Der literarische Nachlaß. Handbuch zur CD-ROM. Bearb. von Walter Fanta, Hans E. Friedrich, Arno Rußegger [u. a.]. Reinbek bei Hamburg: Rowohlt, 1992.

Tagebücher. 2 Bde. Hrsg. von Adolf Frisé. Neu durchges. und erg. Aufl. Reinbek bei Hamburg: Rowohlt, 1983.

2. Bibliographien

Thöming, Jürgen C.: Robert-Musil-Bibliographie. Bad Homburg / Berlin / Zürich 1968.

Musil-Forum und *Musil-Forum. Wissenschaftliches Beiheft* (vgl. S. 196) enthalten in unregelmäßigen Abständen Bibliographien.

3. Forschungsberichte, Forschungskommentare, Werkkommentare

Arntzen, Helmut: Musil-Kommentar sämtlicher zu Lebzeiten erschienener Schriften außer dem Roman *Der Mann ohne Eigenschaften*. München 1980.
– Musil-Kommentar zu dem Roman *Der Mann ohne Eigenschaften*. München 1982.
Fanta, Walter: Die Computer-Edition des Musil-Nachlasses. Baustein einer Epochendatenbank der Moderne. In: Editio 8 (1994) S. 127–157.
Freese, Wolfgang: Zur neueren Musil-Forschung. Ausgaben und Gesamtdarstellungen. In: Robert Musil. 3. Aufl. Neufassung. München 1983. (Text + Kritik. 21/22.) S. 86–148.
Heydebrand, Renate von: Einleitung. In: Robert Musil. Hrsg. von R. v. H. Darmstadt 1982. S. 1–16.
Karthaus, Ulrich: Musil-Forschung und Musil-Deutung. Ein Literaturbericht. In: Deutsche Vierteljahrsschrift für Literaturwissenschaft und Geistesgeschichte 39 (1965) S. 441–483.
Kümmerling, Bettina: Robert-Musil-Forschung 1973–1987. In: Literatur in Wissenschaft und Unterricht 20 (1987) S. 540–570.
Rogowski, Christian: Distinguished Outsider. Robert Musil and His Critics. Columbia 1994.
Schröder-Werle, Renate: Probleme einer künftigen Musil-Edition. Bestandsaufnahme und Lösungsvorschläge. In: Philologie und Kritik. Klagenfurter Vorträge zur Musilforschung. Hrsg. von Wolfgang Freese. München 1981. (Musil-Studien. 7.) S. 13–52.

4. Jahrbücher, Periodika, Reihen, Sammelwerke

Beiträge zur Robert-Musil-Forschung und zur neueren österreichischen Literatur. Hrsg. von Ingeborg Fiala-Fürst. St. Ingbert 1990 ff.

Musil-Forum. Hrsg. von der Internationalen Robert-Musil-Gesellschaft. Saarbrücken/Wien 1975 ff.

Musil-Forum. Wissenschaftliche Beihefte. 1977 ff.

Musil-Studien. Hrsg. von Karl Dinklage und Karl Corino in Verb. mit der Vereinigung Robert-Musil-Archiv Klagenfurt. München 1971 ff. [Seit 1997 hrsg. von Josef Strutz.]

Musiliana. Hrsg. von Marie-Louise Roth. Bern [u. a.] 1995 ff.

Rapial. Zeitschrift für Kultur und Wissenschaft des Robert-Musil-Archivs Klagenfurt. Hrsg. von Josef Strutz. 1991 ff.

Robert Musil. Hrsg. von Renate von Heydebrand. Darmstadt 1982. (Wege der Forschung. 588.)

Robert Musil. 3. Aufl. Neufassung. München 1983. (Text + Kritik. 21/22.)

Robert Musil. Leben, Werk, Wirkung. Hrsg. von Karl Dinklage. Wien 1960. [Zit. als: LWW.]

Robert Musil. Studien zu seinem Werk. Hrsg. von Karl Dinklage zus. mit Elisabeth Albertsen und Karl Corino. Reinbek bei Hamburg 1970. [Zit. als: Studien.]

Sprachästhetische Sinnvermittlung. Robert-Musil-Symposion, Berlin 1980. Hrsg. von Dieter P. Farda und Ulrich Karthaus. Frankfurt a. M. [u. a.] 1982.

5. Gesamtdarstellungen und biographische Einführungen

Arntzen, Helmut: Robert Musil – Geschichte seines Schreibens. In: H. A.: Musil-Kommentar sämtlicher zu Lebzeiten erschienener Schriften außer dem Roman *Der Mann ohne Eigenschaften*. München 1980. S. 13–76.

Baumann, Gerhart: Robert Musil. Ein Entwurf. Bern 1981.

Berghahn, Wilfried: Robert Musil in Selbstzeugnissen und Bilddokumenten. Reinbek bei Hamburg 1963 [u. ö.].

Corino, Karl: Musil: Leben und Werk in Bildern und Texten. Reinbek bei Hamburg 1988.

Dinklage, Karl: Musils Herkunft und Lebensgeschichte. In: LWW, S. 187–264.

Frisé, Adolf: Plädoyer für Robert Musil – Hinweise und Essays 1931–1980. Reinbek bei Hamburg 1980. Erw. Ausg. 1987.
Heftrich, Eckard: Musil. Eine Einführung. München 1986.
Luserke, Matthias: Robert Musil. Stuttgart/Weimar 1995. (Sammlung Metzler. 289.)
Mehigan, Tim: Robert Musil. Stuttgart 2001.
Pekar, Thomas: Robert Musil zur Einführung. Hamburg 1997.
Pott, Hans-Georg: Robert Musil. München 1984.
Roth, Marie-Louise: Robert Musil im Spiegel seines Werkes. Versuch einer inneren Biographie. In: M.-L. R.: Gedanken und Dichtung. Essays zu Robert Musil. Saarbrücken 1987. S. 25–58.
Willemsen, Roger: Robert Musil. Vom intellektuellen Eros. München/Zürich 1985.

6. Forschungsliteratur zu *Die Verwirrungen des Zöglings Törleß*

Aler, Jan: Als Zögling zwischen Maeterlinck und Mach. In: Probleme des Erzählens in der Weltliteratur. Fs. Käte Hamburger. Hrsg. von Fritz Martini. Stuttgart 1971. S. 234–290.
Arntzen, Helmut: *Die Verwirrungen des Zöglings Törleß*. In: H. A.: Musil-Kommentar sämtlicher zu Lebzeiten erschienener Schriften außer dem Roman *Der Mann ohne Eigenschaften*. München 1980. S. 95–105.
Baur, Uwe: Zeit- und Gesellschaftskritik in Robert Musils Roman *Die Verwirrungen des Zöglings Törleß*. In: Vom *Törleß* zum *Mann ohne Eigenschaften*. Grazer Musil-Symposion 1972. Hrsg. von U. B. und Dietmar Goltschnigg. München/Salzburg: Fink, 1973. (Musil-Studien. 4.) S. 19–45.
Bey, Gesine: Zwischen Zuversicht und Müdigkeit. Robert Musils frühe Tagebücher und der Roman *Die Verwirrungen des Zöglings Törleß* unter dem Aspekt der künstlerischen Aneignung sozialer, ethischer und ästhetischer Probleme der Jahrhundertwende. Diss. Berlin 1986.
– »Bei mir laudabile«. Zu Robert Musils Berliner Studienjahren. In: Wissenschaftliche Zeitschrift der Humboldt-Universität, Berlin 38 (1989) S. 659–666.
Biermann, Heinrich (Hrsg.): Robert Musil, *Die Verwirrungen des Zöglings Törleß*. Text und Materialien. Düsseldorf 1986.

Blasberg, Cornelia: Verwirrungen eines Ingenieurs. Robert Musil in Stuttgart oder: Literatur aus Langeweile. Marbach a. N. 1989.
Bonacchi, Silvia: Robert Musils Studienjahre in Berlin 1903–1908. Saarbrücken 1992. (Musil-Forum. Beilage 1.)
Braun, Wilhelm: Neuere Interpretationen zu den *Verwirrungen des Zöglings Törleß*. In: Modern Austrian Literature 9 (1976) H. 3/4. S. 43–56.
Brosthaus, Heribert: Der Entwicklungsroman einer Idee. Untersuchungen zu Gehalt, Struktur und Stil in Robert Musils Roman *Die Verwirrungen des Zöglings Törleß*. Würzburg 1970.
Corino, Karl: Törleß ignotus. Zu den biographischen Hintergründen von Robert Musils Roman *Die Verwirrungen des Zöglings Törleß*. In: Robert Musil. Aachen 1968. (Text + Kritik. 21/22.) S. 18–25. 2., überarb. Aufl. München 1972. S. 61–72.
– Robert Musil und Alfred Kerr. In: Studien, S. 236–283.
– Ödipus oder Orest? Robert Musil und die Psychoanalyse. In: Vom *Törleß* zum *Mann ohne Eigenschaften*. Grazer Musil-Symposion 1972. Hrsg. von Uwe Baur und Dietmar Goltschnigg. München/Salzburg: Fink, 1973. (Musil-Studien. 4.) S. 123–235.
– Der erlöste Tantalus. Robert Musils Verhältnis zur Sprache. In: Annali. Studi Tedeschi 23 (1980) S. 339–356.
– Das geteilte Haus von Vernunft und Glaube. Hirnphysiologische Substrate menschlichen Verhaltens sub specie Robert Musil. In: Musil-Forum 7 (1981) S. 163–168.
Dänzer, Hans: Robert Musils Roman *Die Verwirrungen des Zöglings Törleß*. Freilegung und Beschreibung. Zürich 1970.
Dawidowski, Christian: Die geschwächte Moderne. Robert Musils episches Frühwerk im Spiegel der Epochendebatte. Frankfurt a. M. [u. a.] 2000.
Desportes, Yvon: Vergleichende Untersuchung eines Stils und einer Philosophie. Ein Werk Musils aus der Sicht Machs. In: Robert Musil. Hrsg. von Renate von Heydebrand. Darmstadt 1982. S. 281–295.
Düsing, Wolfgang: Erinnerung und Identität. Untersuchungen zu einem Erzählproblem bei Musil, Döblin und Doderer. München 1982. S. 42–56.
Eggert, Hartmut / Berg, Hans-Christoph / Rutschky, Michael: Robert Musil, *Die Verwirrungen des Zöglings Törleß*. In: H. E. / H.-C. B. / M. R.: Schüler im Literaturunterricht. Ein Erfahrungsbericht. Köln 1975. S. 111–139.

VII. Literaturhinweise

Erhart, Claus: Der ästhetische Mensch bei Robert Musil. Vom Ästhetizismus zur schöpferischen Moral. Innsbruck 1991.

Franke, Hans-Peter (Hrsg): Materialien Robert Musil, *Die Verwirrungen des Zöglings Törleß*. Stuttgart 1979.

Freij, Lars W.: ›Türlosigkeit‹. Robert Musils *Törleß* in Mikroanalysen mit Ausblicken auf andere Texte des Dichters. Stockholm 1972.

Frier, Wolfgang: Die Sprache der Emotionalität in den *Verwirrungen des Zöglings Törleß* von Robert Musil. Ein Beitrag zur angewandten Textlinguistik. Bonn 1976.

Goltschnigg, Dietmar: Auf der Suche nach der verlorenen Identität in Robert Musils Romanen *Die Verwirrungen des Zöglings Törleß* und *Der Mann ohne Eigenschaften*. In: Studies in Modern Austrian Literature. Hrsg. von B. O. Murdoch und M. G. Ward. Glasgow 1981. S. 21–32.

Grossmann, Bernhard: Robert Musil, *Die Verwirrungen des Zöglings Törleß*. München 1984. 2., überarb. u. erg. Aufl. 1988.

Hafner, Heinz: Figurenkonstellation und Vermittlungsstruktur. Zu Musils *Verwirrungen des Zöglings Törleß*. In: Zeitschrift für Semiotik 8 (1986) S. 35–41.

Henninger, Peter: Auge und Blick. Notationen zum Sehvorgang in Texten Robert Musils. In: Sprachästhetische Sinnvermittlung. Robert-Musil-Symposion, Berlin 1980. Hrsg. von Dieter P. Farda und Ulrich Karthaus. Frankfurt a. M. [u. a.] 1982. S. 86–96.

Hickman, Hannah: Der junge Musil und R. W. Emerson. In: Musil-Forum 6 (1980) S. 3–13.

Hoffmann, Christoph: Der Dichter am Apparat. Medientechnik, Experimentalpsychologie und Texte Robert Musils 1899–1942. München 1997. (Musil-Studien. 26.)

Horn, Peter: Der exzentrische Blick des Zuschauers und das Spektakel der Macht im Film: Schlöndorffs Verfilmung von Musils *Törless*. In: Acta Germanica 24 (1996) S. 81–89.

Huber, Lothar: Robert Musils Törleß und die Krise der Sprache. In: Sprachkunst 4 (1973) S. 91–99.

Jens, Walter: Der Mensch und die Dinge. Die Revolution der deutschen Prosa. Hofmannsthal, Rilke, Musil, Kafka, Heym. In: W. J.: Statt einer Literaturgeschichte. 5., erw. Aufl. Pfullingen 1962. S. 109–133.

Kaizik, Jürgen: Die Mathematik im Werk Robert Musils – Zur Rolle des Rationalismus in der Kunst. Wien 1980.

Karthaus, Ulrich: Der andere Zustand. Zeitstrukturen im Werke Robert Musils. Berlin 1965.

Knüfermann, Volker: Die Gefährdung des Narziß oder: Zur Begründung und Problematik der Form in Thomas Manns *Der Tod in Venedig* und Robert Musils *Die Verwirrungen des Zöglings Törleß*. In: Im Dialog mit der Moderne. Zur deutschsprachigen Literatur von der Gründerzeit bis zur Gegenwart. Hrsg. von Roland Jost und Hansgeorg Schmidt-Bergmann. Frankfurt a. M. 1986. S. 84–95.

Krejci, Michael: Robert Musil, *Die Verwirrungen des Zöglings Törleß*. In: Deutsche Romane von Grimmelshausen bis Walser. Interpretationen für den Literaturunterricht. Bd. 1. Königstein i. Ts. 1982. S. 123–142.

Magnou, Jacqueline: *Törleß* – Eine Variation über den Ödipus-Komplex? Einige Bemerkungen zur Struktur des Romans. In: Musil-Forum 3 (1977) S. 134–158. – Wiederabgedr. in: Robert Musil. Hrsg. von Renate von Heydebrand. Darmstadt 1982. S. 296–318.

Magris, Claudio: Musil und die »Nähte der Zeichen«. In: Literaturwissenschaftliches Jahrbuch N. F. 15 (1974) S. 189–219. – Gek. wiederabgedr. in: Philologie und Kritik. Klagenfurter Vorträge zur Musilforschung. Hrsg. von Wolfgang Freese. München/Salzburg: Fink, 1981. (Musil-Studien. 7.) S. 177–193.

Mattenklott, Gert: Der ›subjektive Faktor‹ in Musils *Törleß*. Mit einer Vorbemerkung über die Historizität der sinnlichen Wahrnehmung. In: Neue Hefte für Philosophie 4 (1973) S. 47–73. – Wiederabgedr. in: Robert Musil. Hrsg. von Renate von Heydebrand. Darmstadt 1982. S. 250–280.

Meuthen, Erich: Törleß im Labyrinth. In: Deutsche Vierteljahrsschrift für Literaturwissenschaft und Geistesgeschichte 59 (1985) H. 1. S. 125–144.

Meyer, Jürgen: Musils mathematische Metaphorik: Geometrische Konzepte in *Die Verwirrungen des Zöglings Törleß* und in *Die Vollendung der Liebe*. In: Hofmannsthal-Jahrbuch 5 (1997) S. 317–345.

Meyers, Jeffrey: Homosexuality and Literature. London 1977.

Minder, Robert: Kadettenhaus, Gruppendynamik und Stilwandel von Wildenbruch bis Rilke und Musil. In: R. M.: Kultur und Literatur in Deutschland und Frankreich. Fünf Essays. Frankfurt a. M. 1962. S. 73–93.

Monti, Claudia: Funktion und Fiktion. Die Mach-Dissertation Musils in den Jahren zwischen *Die Verwirrungen des Zöglings Törleß* und den Essays. In: Musil-Forum 5 (1979) S. 38–67 und 154–183.

Müller, Gerd: Dichtung und Wissenschaft. Studien zu Robert Musils Romanen *Die Verwirrungen des Zöglings Törleß* und *Der Mann ohne Eigenschaften*. Uppsala 1971.

Müller-Michaels, Harro: Kanon der Irritationen. Varianten literarischer Identitätsbildung. In: Deutschunterricht 47 (1994) H. 10. S. 462–471.

Mulot, Sibylle: Der junge Musil. Seine Beziehung zu Literatur und Kunst der Jahrhundertwende. Stuttgart 1977.

– *Törleß* und der Dekadenzroman. In: Annali. Studi Tedeschi 23 (1980) H. 2/3. S. 239–249.

Neumer, Katalin: Die Verwirrungen im Labyrinth der Sprache. In: Musil-Forum 13/14 (1987/88) S. 5–21.

Niekerk, Carl: Foucault, Freud, Musil: Macht und Masochismus in den *Verwirrungen des Zöglings Törleß*. In: Zeitschrift für deutsche Philologie 116 (1997) H. 4. S. 545–566.

Nübel, Birgit: »Empfindsame Erkenntnisse« in Robert Musil, *Die Verwirrungen des Zöglings Törleß*. In: Der Deutschunterricht 48 (1996) H. 2. S. 5–61.

Pestalozzi, Karl: Metaphysische Klaustrophobie: Maeterlinck als Schlüssel zu Musils *Törleß*. In: Krisis der Metaphysik. Fs. Wolfgang Müller-Lauter. Hrsg. von Günter Abel und Jörg Salaquarda. Berlin / New York 1989. S. 498–520.

Pott, Hans-Georg: Das Trauma des Leibes und der Rede in Musils *Törleß*. In: Literatur für Leser 2 (1982) S. 95–109.

Reniers-Servranckx, Annie: *Törleß*: Freudsche Verwirrungen? In: Studien, S. 26–29.

– Robert Musil. Konstanz und Entwicklung von Themen, Motiven und Strukturen in den Dichtungen. Bonn 1972.

Ries, Heidi: Vor der Sezession. Untersuchungen zur Schul- und Kadettengeschichte um die Jahrhundertwende. München 1970.

Rieth, Renate: Robert Musils frühe Prosa. Versuch einer stilistischen Interpretation. Tübingen 1964.

Rosselit, Jutta: Aufbruch nach innen. Studien zur literarischen Moderne mit einer Theorie der Imagination. Würzburg 1993.

Roth, Marie-Louise: Robert Musil. Ethik und Ästhetik. Zum theoretischen Werk des Dichters. München 1972.

Roth, Marie-Louise: *Les désarrois de l'élève Törless* ou la crise intellectuelle et morale d'une génération. In: Robert Musil. Colloque de Royaumont. Hrsg. von Jean-Pierre Cometti. Royaumont 1986. S. 28–54.

Rothe-Buddensieg, Margret: Spuk im Bürgerhaus. Der Dachboden in der deutschen Prosaliteratur als Negation der gesellschaftlichen Realität. Kronberg i. Ts. 1974.

Schink, Helmut: Das bodenlose Ich. Robert Musils *Verwirrungen des Zöglings Törleß*. In: H. Sch.: Jugend als Krankheit? Linz 1980. S. 42–67.

Schönwiese, Ernst: Dichtung als Urwissen des Menschen. Poetik-Vorlesungen. Innsbruck 1985.

Schröder-Werle, Renate: *Die Verwirrungen des Zöglings Törleß* oder was sonst ist Literatur? Versuch einer deskriptiven Standortbestimmung. In: Robert Musil and the Literary Landscape of His Time. Hrsg. von Hannah Hickman. Salford 1991. S. 190–227.

Söder, Thomas: Untersuchungen zu Robert Musils *Verwirrungen des Zöglings Törless*. Rheinfelden 1988.

Sokel, Walter H.: The Problem of Dualism in Hesse's *Demian* and Musils *Törleß*. In: Modern Austrian Literature 9 (1976) H. 3/4. S. 35–42.

– Robert Musils Kampf um die Mimesis. Zur Poetologie seiner Anfänge. In: Musil-Forum 10 (1984) S. 238–241.

Stopp, Elisabeth: Musils *Törleß*. Inhalt und Form. In: Robert Musil. Hrsg. von Renate von Heydebrand. Darmstadt 1982. S. 207–249.

Thöming, Jürgen C.: Anmerkungen zu Schlöndorffs *Törleß*-Film. In: Musil-Forum 7 (1981) S. 191–193.

Trommler, Frank: Roman und Wirklichkeit. Eine Ortsbestimmung am Beispiel von Musil, Broch, Roth, Doderer und Gütersloh. Stuttgart 1966.

Turner, David: The Evasions of the Aesthete Törleß. In: Forum for Modern Language Studies 10 (1974) S. 19–44.

Vogl, Joseph: Grenze und Übertretung. Der anthropologische Faktor in Robert Musils *Die Verwirrungen des Zöglings Törleß*. In: Robert Musils ›Kakanien‹ – Subjekt und Geschichte. Hrsg. von Josef Strutz. München 1987. (Musil-Studien. 15.) S. 60–76.

Webber, Andrew J.: Sense and Sensuality in Musils *Törleß*. In: German Life and Letters 41 (1987/88) S. 106–130.

– The Beholding Eye: Visual Compulsion in Musil's Works. In:

Robert Musil and the Literary Landscape of His Time. Hrsg. von Hannah Hickman. Salford 1991. S. 94–111.

White, John J.: Mathematical Imagery in Musils *Young Törleß* and Zamyatin's *We*. In: Comparative Literature 18 (1966) S. 71–78.

Winter, Ingrid: Zeitperspektiven in Robert Musils *Die Verwirrungen des Zöglings Törleß*. In: Modern Austrian Literature 13 (1980) H. 3. S. 47–68.

Wolff, Jürgen: Dokumentation der Literaturverfilmungen (16-mm-Fassungen) und ihrer Bezugsquellen. In: Der Deutschunterricht 33 (1981) H. 4. S. 97–104.

VIII. Abbildungsnachweis

23 Die einzige Manuskriptseite zum *Törleß*: Entwurf zu einem fallen gelassenen Vorwort, darunter Skizzen zu *Tonka*.
27 Einband der Taschenbuchausgabe in den achtziger und neunziger Jahren. – Mit Genehmigung der Rowohlt Taschenbuch Verlag GmbH, Reinbek bei Hamburg.
30 Einband der Taschenbuchausgabe von 1998. – Mit Genehmigung der Rowohlt Taschenbuch Verlag GmbH, Reinbek bei Hamburg.
32 Robert Musil als Militär-Oberrealschüler, 1894. Foto. – © Robert-Musil-Literatur-Museum, Klagenfurt.
48, 51, 53 Fechtsaal, Schlafsaal und Waschsaal der k. u. k. Militär-Oberrealschule in Mährisch-Weißkirchen. Fotos: Arbeitsstelle für Robert Musil Forschung, Saarbrücken.
59 Einband der Erstausgabe von 1906.
80 Robert Musil, um 1901. Foto. – © Arbeitsstelle für Robert Musil Forschung, Saarbrücken.
115 Mathieu Carrière (links) in Volker Schlöndorffs Film *Der junge Törless*. Foto. – Mit Genehmigung der Seitz GmbH Filmproduktion, München.
126 Szenenfoto aus Volker Schlöndorffs Film *Der junge Törless*. – Mit Genehmigung der Seitz GmbH Filmproduktion, München.

Erläuterungen und Dokumente

zu Böll, *Ansichten eines Clowns.* 84 S. UB 8192 – *Die verlorene Ehre der Katharina Blum.* 222 S. UB 16011

zu Borchert, *Draußen vor der Tür.* 107 S. UB 16004

zu Brecht, *Der kaukasische Kreidekreis.* 120 S. UB 16007

zu Büchner, *Dantons Tod.* 112 S. UB 8104 – *Lenz.* 173 S. UB 8180 – *Woyzeck*, 325 S. UB 16013

zu Chamisso, *Peter Schlemihl.* 112 S. UB 8158

zu Döblin, *Berlin Alexanderplatz.* 286 S. UB 16009

zu Droste-Hülshoff, *Die Judenbuche.* 87 S. UB 8145

zu Dürrenmatt, *Der Besuch der alten Dame.* 93 S. UB 8130 – *Die Physiker.* 243 S. UB 8189 – *Romulus der Große.* 96 S. UB 8173

zu Eichendorff, *Aus dem Leben eines Taugenichts.* 120 S. UB 8198 – *Das Marmorbild.* 94 S. UB 8167

zu Fontane, *Effi Briest.* 168 S. UB 8119 – *Frau Jenny Treibel.* 111 S. UB 8132 – *Irrungen, Wirrungen.* 148 S. UB 8146 – *Schach von Wuthenow.* 155 S. UB 8152

zu Frisch, *Andorra.* 88 S. UB 8170 – *Biedermann und die Brandstifter.* 128 S. UB 8129 – *Homo faber.* 196 S. UB 8179

zu Goethe, *Egmont.* 165 S. UB 8126 – *Götz von Berlichingen.* 176 S. UB 8122 – *Iphigenie auf Tauris.* 112 S. UB 8101 – *Die Leiden des jungen Werther.* 192 S. UB 8113 – *Novelle.* 160 S. UB 8159 – *Torquato Tasso.* 251 S. UB 8154 – *Urfaust.* 168 S. UB 8183 – *Die Wahlverwandtschaften.* 228 S. UB 8156 – *Wilhelm Meisters Lehrjahre.* 398 S. UB 8160

zu Gotthelf, *Die schwarze Spinne.* 93 S. UB 8161

zu Grass, *Die Blechtrommel.* 223 S. UB 16005 – *Katz und Maus.* 192 S. UB 8137 – *Das Treffen in Telgte.* 168 S. UB 16012

zu Grillparzer, *Der arme Spielmann.* 167 S. UB 8174 – *Weh dem, der lügt!* 103 S. UB 8110

zu Hauptmann, *Bahnwärter Thiel.* 54 S. UB 8125 – *Der Biberpelz.* 104 S. UB 8141 – *Die Ratten.* 183 S. UB 8187 – *Die Weber.* 227 S. UB 16014

zu Hebbel, *Maria Magdalena.* 96 S. UB 8105

zu Heine, *Deutschland. Ein Wintermärchen.* 208 S. UB 8150

zu Hesse, *Demian. Die Geschichte von Emil Sinclairs Jugend.* 86 S. UB 8190 – *Der Steppenwolf.* 156 S. UB 8193 – *Unterm Rad.* 110 S. UB 8200

zu Hölderlin, *Hyperion.* 339 S. UB 16008

zu Hoffmann, *Das Fräulein von Scuderi.* 136 S. UB 8142 – *Der goldne Topf.* 160 S. UB 8157 – *Der Sandmann.* 172 S. UB 8199

zu Hofmannsthal, *Jedermann.* 88 S. UB 16003

zu Horváth, *Geschichten aus dem Wiener Wald.* 139 S. UB 16016 – *Jugend ohne Gott.* 148 S. UB 16010

zu Ibsen, *Nora (Ein Puppenheim).* 86 S. UB 8185

zu Kafka, *Der Proceß.* 230 S. UB 8197 – *Das Urteil.* 144 S. UB 16001 – *Die Verwandlung.* 196 S. UB 8155

zu Keller, *Kleider machen Leute.* 108 S. UB 8165 – *Romeo und Julia auf dem Dorfe.* 88 S. UB 8114

zu Kleist, *Amphitryon.* 160 S. UB 8162 – *Das Erdbeben in Chili.* 151 S. UB 8175 – *Das Käthchen von Heilbronn.* 162 S. UB 8139 – *Die Marquise von O…* 125 S. UB 8196 – *Michael Kohlhaas.* 111 S. UB 8106 – *Penthesilea.* 159 S. UB 8191 – *Prinz Friedrich von Homburg.* 204 S. UB 8147 – *Der zerbrochne Krug.* 157 S. UB 8123

zu J. M. R. Lenz, *Der Hofmeister.* 183 S. UB 8177 – *Die Soldaten.* 88 S. UB 8124

zu Lessing, *Emilia Galotti.* 109 S. UB 8111 – *Minna von Barnhelm.* 111 S. UB 8108 – *Miß Sara Sampson.* 93 S. UB 8169 – *Nathan der Weise.* 175 S. UB 8118 zu H. Mann, *Der Untertan.* 162 S. UB 8194

zu Th. Mann, *Mario und der Zauberer.* 104 S. UB 8153 – *Der Tod in Venedig.* 196 S. UB 8188 – *Tonio Kröger.* 102 S. UB 8163 – *Tristan.* 96 S. UB 8115

zu Meyer, *Das Amulett.* 68 S. UB 8140

zu Mörike, *Mozart auf der Reise nach Prag.* 117 S. UB 8135

zu Musil, *Die Verwirrungen des Zöglings Törleß.* 204 S. UB 16019

zu Nestroy, *Der Talisman.* 96 S. UB 8128

zu Novalis, *Heinrich von Ofterdingen.* 236 S. UB 8181

zu Schiller, *Don Carlos.* 238 S. UB 8120 – *Die Jungfrau von Orleans.* 160 S. UB 8164 – *Kabale und Liebe.* 147 S. UB 8149 – *Maria Stuart.* 214 S. UB 8143 – *Die Räuber.* 232 S. UB 8134 – *Wallenstein.* 294 S. UB 8136 – *Wilhelm Tell.* 111 S. UB 8102

zu Schneider, *Schlafes Bruder.* 104 S. UB 16015

zu Schnitzler, *Reigen.* 152 S. UB 16006 – *Leutnant Gustl.* 118 S. UB 16017

zu Shakespeare, *Hamlet.* 264 S. UB 8116

zu Sophokles, *Antigone.* 86 S. UB 8195

zu Stifter, *Brigitta.* 85 S. UB 8109

zu Storm, *Hans und Heinz Kirch.* 94 S. UB 8171 – *Immensee.* 88 S. UB 8166 – *Der Schimmelreiter.* 101 S. UB 8133

zu Süskind, *Das Parfum.* 116 S. UB 16018

zu Tieck, *Der blonde Eckbert / Der Runenberg.* 85 S. UB 8178

zu Wedekind, *Frühlings Erwachen.* 204 S. UB 8151

zu Weiss, *Marat/Sade.* 189 S. UB 16002

zu Zuckmayer, *Der Hauptmann von Köpenick.* 171 S. UB 8138

Philipp Reclam jun. Stuttgart